DEJA DE QUEJARTE Y LIBÉRATE

ROBIN
BOOK

DEJA DE QUEJARTE Y LIBÉRATE

Brenda Barnaby

éxitos de
autoayuda

ROBIN
BOOK

Si usted desea que le mantengamos informado de nuestras publicaciones, sólo tiene que remitirnos sunombre y
dirección, indicando qué temas le interesan, y gustosa-
mente complaceremos su petición.

Ediciones Robinbook
información bibliográfica
C/. Indústria 11 (Pol. Ind. Buvisa)
08329 – Teià (Barcelona)
e-mail: info@robinbook.com

© 2014, Ediciones Robinbook, s. l., Barcelona

Diseño cubierta: Regina Richling

Fotografía de cubierta: iStockphoto

Diseño de interior y compaginación: Paco Murcia

ISBN: 978-84-9917-361-0

Depósito legal: B-11296-2.014

Impreso por Sagrafic, Plaza Urquinaona, 14 7º 3ª, 08010 Barcelona

Impreso en España - *Printed in Spain*

Sumario

1. Introducción

> *"Vana es la palabra de un filósofo que no cura ningún sufrimiento del hombre. Pues tal como ningún provecho se saca de la medicina que no expulsa las enfermedades del cuerpo, ningún provecho se saca, tampoco, de la filosofía que no expulsa el sufrimiento de la mente."*

EPICURO

Decir que este libro es un completo tratado acerca de las emociones y sus diferentes manifestaciones sería una gran pretensión de mi parte. Lo entiendo, más bien, como una herramienta que tratará de ayudarles a cambiar algunos hábitos perjudiciales o a eliminarlos.

Si usted, pues, es una persona que se queja por todo o es víctima de alguna persona así, seguramente deseará hallar por hallar una rápida solución a este problema. Ahora bien, desde el momento mismo en que empezó a leer este libro, inició el camino hacia el cambio, el camino de liberación, porque la determinación misma de estudiar el conflicto y el entusiasmo por arreglar lo que le hace mal es el principio del fin de los malos hábitos.

Encontrará que este texto se halla dividido, para fines pedagógicos, en cinco grandes capítulos: **1. Introducción**: donde comento cuál es el objetivo de este trabajo, **2. Sumergiéndonos en el problema**: allí explico qué es la queja, la crítica, diversos malos hábitos, falsas creencias, actitudes negativas y describo una gran cantidad de casos para explayar mejor los conceptos que verán a continuación. **3. Cortando con las quejas y críticas**: detallo y desarrollo minuciosamente todas aquellas actitudes, disposiciones y determinaciones que nos pueden ayudar en este proceso. **4. Plan para el cambio:** es una exposición detallada, paso a paso, de la técnica de los 21 días. **5. Resultados, seguimientos y otros usos del plan:** se refiere a la etapa de control y mantenimiento, por un lado, de nuestro plan de trabajo, por otro, allí mismo también amplié el concepto del libro para aplicar este método a otros ámbitos y costumbres y colaborar con quienes también se proponen un cambio similar. Y la **bibliografía** es una lista de libros citados, páginas webs y textos que recomiendo para ampliar los conceptos y enriquecer este trabajo.

Al final de este camino el lector de este libro será testigo de su propia transformación; podrá atisbar nuevos horizontes y verá mejorada su capacidad de autoobservación, tan necesaria para modificar todo aquello que le resulta tóxico.

También debo aclarar que este libro de nada servirá si no existe un firme propósito de cambio. De ello, en definitiva, dependerá este proceso.

Hay que tener siempre presente que la sensación de bienestar se puede obtener a través de la implementación de múltiples técnicas, unas más interesantes y fáciles que otras, quizá, pero lo cierto es que, poco a poco, hoy eliminando la costumbre de la queja, mañana la de posponer proyectos, otro día la de dejarnos llevar por la inercia, etcétera, será posible vivir mejor, ser más felices. Hoy es el día y ahora es el momento exacto para empezar. Basta de excusas y comencemos a trabajar juntos. Recuerde:

> **"** *Un árbol que un hombre apenas alcanza a abrazar creció a partir de un pequeño brote. Una torre de nueve pisos se comienza con un ladrillo. Un viaje de mil millas empieza con un paso.* **"**

EXTRACTO DEL VERSO LXIV DEL TAO TE CHING

Puntos de apoyo

> *" No tengas miedo de la vida. Cree en que*
> *la vida merece la pena ser vivida y esa*
> *creencia te ayudará a que así sea. "*

WILLIAM JAMES

*N*o sé si a ustedes les pasará, pero mi caso particular es que, en algunas ocasiones, para llevar a cabo un plan me es de mucha ayuda contar con el apoyo de mis seres queridos o de personas allegadas que tengan mi mismo plan. Esto es sumamente útil para darnos fuerzas.

Es como cuando nos proponemos ir a correr al parque… el hecho de que algunos amigos vengan con nosotros hace que esos días en los que flaqueamos, el que está más fuerte o más incentivado nos inyecte un poco de vitalidad para no desistir, otras veces, en cambio, seremos nosotros quienes impulsemos a no abandonar el plan.

Otro punto importante es contar con un «modelo», esto es, alguien cuya vida nos inspira para iniciarnos en este nuevo camino. Buda, la madre Teresa de Calcula, Ghandi, Jane Addams, Martin Luther King, Dalái Lama, Nelson Mandela, Tawakkul Karman, un amigo, una profesora, nuestros padres. A quienes consideramos fuentes de inspiración son faros que nos alumbran para seguir hacia adelante, incluso, en los peores momentos.

En la psicología moderna, por ejemplo, se utiliza mucho la técnica del «modelaje», es decir, estudiar, aprender y aprehender conductas, comportamientos, estilos de vida de algunas personas a las que consideramos verdaderos ejemplos a seguir.

Si vamos a emplear este recurso, es necesario adoptar buenos modelos, gente que ha demostrado con el tiempo tener fortaleza, capacidad, actitud positiva y excelente disposición para hacer frente a las adversidades.

El dramaturgo y poeta del Renacimiento, Benjamin Jonson decía: «Un noble ejemplo es más eficaz que cualquier precepto».

Determinación hasta el final

> *"Creo en la determinación humana. A lo largo de la historia se ha comprobado que la voluntad humana es más poderosa que las armas."*
>
> DALAI LAMA

A medida que avancen en la lectura de este libro, irán apareciendo interrogantes, y, sobre todo, objeciones y excusas.

Nuestra mente, por lógica que parezca, tiende a negarse al cambio, y lucha poniendo obstáculos a cada paso. A nuestro cerebro le encanta economizar, tener rutinas para resolver rápidamente muchas de las actividades que desarrollamos a diario. Es vago, no le gusta perder tiempo creando planes alternativos. Así, es de esperar que cualquier intento para eliminar o modificar hábitos tenderá a ser inutilizado o obstaculizado. De modo que, a partir de ahora, les propongo que estén muy atentos a estos ensayos de autosabotaje.

Necesitan tener la mente abierta, relajarse, ser permeables a cada idea que les vaya proponiendo.

No lean el libro de forma seguida, tómense su tiempo para digerir cada punto tratado, registren en un cuaderno lo que sientan, anoten sus planes y plazos, vayan apuntado cada avance y retroceso. Si se les presenta una duda o inconsistencia, estúdienla y vean cómo pueden resolverla para avanzar con el plan. Lo importante aquí es no bajar los brazos y seguir adelante. De esta forma creamos un circuito virtuoso: la determinación y el trabajo fortalecerán nuestra voluntad, y esta voluntad nos ayudará a cumplir con el objetivo propuesto. Todo es cuestión de práctica y ganas de progresar por el camino correcto.

> *El fracaso nunca será definitivo, si la determinación de alcanzar el éxito es tan fuerte que no se acaba ni se disminuye.*

OG MANDINO

"*Los apegos obnubilan y reducen la capacidad cognitiva, mientras que el desapego genera paz y ayuda a desatar los nudos emocionales que impiden pensar libremente.*"

DR. WALTER RISO

2. Sumergiéndonos en el problema

Fisonomía de los quejosos

> "La palabra tiene mucho de aritmética:
> divide cuando se utiliza como navaja, para
> lesionar; resta cuando se usa con ligereza para
> censurar; suma cuando se emplea para
> dialogar, y multiplica cuando se da con
> generosidad para servir."
>
> CARLOS SILLERA

Las personas estresadas, nerviosas, malhumoradas, son personas abonadas a la queja, criticonas. El enojo y la indignación han establecido bastiones inexpugnables en ellos y no los pueden demoler, por el contrario, con el tiempo, cada vez se fortalecen. Poseen una sensación vaga y, a la vez, muy molesta, de que les falta algo, que hay cosas que no funcionan bien y ni las pueden arreglar. Es como una masa informe que desde la mañana a la noche no los dejan en paz, los preocupan, los obsesionan. Viven en guardia para atacar ante la menor sensación de peligro. Como están dominados por la intranquilidad y el miedo, embisten a través del a través de la queja, del lamento... Tienen una destreza impresionante para lograr que la gente que se halla a su alrededor concentre la atención en cuestiones negativas. Sin embargo, es solo una estrategia, un mecanismo complicado mediante el cual, todo el desagrado que sienten hacia ellos mismos se transforma en desagrado externo, reprobación, exposición de los defectos ajenos, como una catarsis, pero en el mal sentido.

Hermógenes, autor reconocido internacionalmente por su libro *Yoga para nerviosos*, definió a la persona nerviosa de esta manera: «Campeón de desventura, para quien la existencia es pesada cruz, sin lenitivo, paz o reposo, que habiendo buscado inútilmente mil y una salidas para su drama, desespera hallando imposible encontrar siquiera una».

La buena nueva es que sí hay salidas y que sí es posible ver la realidad de otra manera. Todo es cuestión de proponérselo y poner en práctica algo de lo que hablaré más adelante que es el fortalecimiento de la VOLUNTAD; esta será necesaria para fijar nuestros objetivos y empeñarnos en alcanzarlos.

Teilhard de Chardin consideraba que todo crecimiento está relacionado con un grado de sufrimiento, es cierto, pero tal como dice el doctor Walter Riso, hay que ver los cambios como cuando uno deja de usar un zapato viejo y lo reemplaza por uno nuevo; seguramente al principio provocará dolor, pero luego se notarán los beneficios de tener un nuevo calzado... y así deberíamos entender
este cambio de hábito.

> " *Si la gente practicara la sinceridad y la armonía usando palabras amables y llenas de tacto, padres e hijos no estarían separados. El intercambio de ideas y la comunicación es mejor que el control de la respiración o la meditación.* "

HONG YINMING

Qué pensamos acerca de la justicia

> " *¡Triste época la nuestra! Es más fácil desintegrar un átomo que un prejuicio.* "

ALBERT EINSTEIN

*Q*uiero empezar con una idea que extraje del libro *Tus zonas erróneas,* del Dr. Wayne W. Dyer que dice:

Estamos condicionados a buscar justicia en esta vida; y cuando no lo conseguimos sentimos enfado, ansiedad o frustración. En realidad sería igualmente productivo que buscáramos la fuente de la eterna juventud o algún otro mito por el estilo. La justicia no existe. Nunca ha existido y jamás existirá. Simplemente el mundo no ha sido organizado de esta manera. Los gorriones comen gusanos. Eso no es justo para los gusanos. Las arañas comen moscas, lo que no es justo para las moscas (…). No tienes más que observar la naturaleza para darte cuenta de que no hay justicia en este mundo.

Es importante aclarar que este texto de ninguna manera conlleva una mirada pesimista, sino más bien, realista. La idea que manejamos de lo que es la justicia nos hace separar al mundo en correcto e incorrecto, justo e injusto, nos vuelve jueces y verdugos. Sobre todo, nos torna inflexibles, y cuando las cosas no ocurren según nuestras ideas, nos quejamos y criticamos.

En lugar de ello, hay que asumir una postura contemplativa, comprensiva y empática. Nada de juzgar, sí de aceptar.

Cuando se adopta esa forma de ver el mundo se acaban los sentimientos negativos, las actitudes despóticas, los juicios terminantes y las peleas.

Es indispensable, pues, terminar con esas creencias que tanto nos han oprimido hasta ahora. Recordemos que las normas y creencias internas son dictatoriales, inflexibles y eso es justamente lo que nos convierte en personas criticonas y quejicas.

> *"Si la justicia existe, tiene que ser para todos; nadie puede quedar excluido, de lo contrario ya no sería justicia."*
>
> PAUL AUSTER

¿Qué es la queja?

" Nunca debe el hombre lamentarse de los tiempos en que vive, pues esto no le servirá de nada. En cambio, en su poder está siempre mejorarlos. "

THOMAS CARLYLEN

La queja es un hábito frecuente en las personas pesimistas, descontentas, desilusionadas. En algunos, de hecho, es una especie de deporte que practican para tener un tema de conversación o sentir aceptación en un grupo. En este caso, el consenso es buscado a través de la protesta.

No obstante, entiendan esto: no existe amistad, amor, aceptación, lazos reales y construcción desde esta práctica inútil.

Quien se queja de manera patológica está demostrando su descontento por la vida, por cuanto lo rodea y, de este modo, solo logrará que la gente se aparte de su lado.

Si ahondamos en el problema, veremos que la queja no solo no resuelve nada sino que es una manera de descarga momentánea que complica hasta lo que es muy simple. Cuando no surgen las ganas de trabajar para cambiar las cosas, la queja es el mejor camino para evadirse.

Debemos recordar que nuestros pensamientos crean el mundo en que vivimos, lo moldea, y si estos son sombríos, pesimistas, nuestra vida se configurará con esos mismos materiales.

Si nuestro modo de comunicarnos se constituye mayormente a través de la protesta y la crítica establecemos un patrón de comportamiento altamente tóxico y con ello desperdiciamos muchos momentos que valen la pena experimentarse.

Una amiga, viuda desde hacía dos años, me había comentado en una ocasión: «No sabes lo que lamento el haber sido tan pesada con Joaquín, apuntándole y remarcándole cosas que creía que hacía mal en la casa, en el trabajo o conmigo. Rara vez le agradecía una ayuda o lo besaba para manifestarle la ternura y amor que sentía por él. Ahora me acuerdo de sus caricias, de esas atenciones que tenía conmigo, de sus llamadas en mitad de su jornada laboral, del ramo de flores de los viernes, de cuando él me secaba el cabello algunas mañanas antes de ir a mi oficina, de cuando guardaba sus cosas en el mismo lugar donde yo las ponía para seguir mi mismo orden. Jamás me di la oportunidad de agradecerle esos pequeños detalles maravillosos… todo por anteponer las estúpidas quejas a todo lo genial que él me brindaba».

« Las quejas cotidianas tienen una cualidad especial: tienden a convertirse en hábito. »

RAFAEL SANTANDREU

Mi experiencia personal

No recuerdo con precisión cuándo me di cuenta de todo lo que me quejaba. Ciertamente, fue en una de las tantas veces en que me dijeron: ¿Por qué te quejas tanto? ¿Desde cuándo eres tan reiterativa con un tema? ¿Tan terrible es el problema que le das vueltas pero nunca lo solucionas?

Creo que un día como cualquier otro tomé conciencia de que tales preguntas me las repetían con bastante frecuencia y eso me alarmó. De pronto, empecé a notar que resoplaba si un trabajo me salía mal, me quejaba si un proveedor no llegaba a tiempo, criticaba a la gente que no respondía como yo deseaba, protestaba cuando debía hacer tareas que me disgustaban, emitía chasquidos con mi lengua cuando por algún motivo se me frustraba un plan.

Jamás había notado este comportamiento en mí y me dejó estupefacta. Me consideraba una persona positiva, optimista y esto contradecía el concepto que tenía de mí misma. Y ahora esto... de pronto comprendí que era más disconforme de lo habitual, más derrotista, y que cada día invertía una cantidad de energía en lamentos y refunfuños.

Imaginen mi conmoción al darme cuenta que estaba derrochando instantes inapreciables en protestas sin sentido, reproches, réplicas... y todo, ¿para qué? Para nada, para amargarme, para restarme bienestar y paz.

Así que, rápidamente, me propuse un nuevo desafío: DEJAR DE QUEJARME. Tardé tiempo en madurar la idea y armar mi plan, pero en cuanto lo tuve listo, puse mi método en práctica.

Hubo muchas pruebas y errores, avances y recaídas, pero, finalmente, logré cumplir los 21 días de «autoterapia» y me reprogramé, eliminé un mal hábito y lo reemplacé por uno sano: ser feliz.

Actualmente, me quejo de vez en cuando, no soy un robot, hay situaciones que me superan y me pueden hacer estallar, pero como se trata de episodios muy aislados no es motivo de preocupación para mí.

Hoy estoy segura de que tomé una buena decisión: preferí invertir bien mi tiempo en cosas que me hacen bien: amar y ser amada, ayudar, enseñar, aprender, pasear, comer cosas que me gustan, leer buenos libros y sonreír.

Ya con algunos años más encima y más experiencia estoy en situación de confirmarles que, vivir contentos o tristes es una elección, no una imposición. Tenemos en nuestras manos el poder elegir entre llevar una vida plena o hacer de nuestra existencia un infierno.

> *66 Cuando la vida te presente razones para llorar, demuéstrale que tienes mil y una razones para reír. 99*
>
> ANÓNIMO

Y algunos, todavía, se preguntan si la queja es funcional

> *66 No nos afecta lo que nos sucede, sino lo que nos decimos sobre lo que nos sucede. 99*
>
> EPICTETO

No son pocos los que suelen creer que la queja es funcional, que gracias a ella muchas situaciones mejoran. Argumentan que la queja opera como motor de cambio. Sin embargo, déjenme decirles que yo no pienso así, y les explicaré el porqué. La queja por sí sola son solo palabras, oraciones que generan malestar, que producen desgaste a nosotros y a quienes nos dirigimos. No cambian nada si no se halla acompañada por la acción. Sin una acción efectiva que la acompañe es solo parloteo.

Cuando nos quejamos, inmediatamente nos configuramos como víctimas y dejamos nuestra vida, nuestras decisiones, en manos ajenas, delegamos responsabilidades y sacamos de nosotros el poder interior. La queja y la crítica distorsionan la realidad hasta el punto de hacerla insoportable. El refunfuñar desplaza la alegría y el optimismo, que son tan necesarios como el oxígeno que respiramos.

Si creen en la energía, mana, qi, chi, entenderán bien de lo que hablo cuando afirmo que nuestro lenguaje pesimista nos resta vitalidad y nos cansa. Las ganas de festejar, agradecer, ayudar son reemplazadas por mal humor y abatimiento.

La protesta no nos permite ver un mundo de posibilidades, un mundo feliz, porque todo se halla teñido de desagrado y disconformidad.

Debemos apelar a nuestro optimismo y fortaleza interior para acabar con esta práctica dañina. La fuerza de voluntad será nuestra mejor aliada para combatirla.

Pero tengan presente que este hábito no se cambia de un día para otro; se necesitará también paciencia para acompañar todo un proceso que nos conducirá a una mejor calidad de vida.

> *« Es mejor estar callado y parecer tonto, que hablar y despejar las dudas definitivamente. »*

GROUCHO MARX

¿No quejarse es resignarse?

« La resignación es un suicidio cotidiano. »

BALZAC

*N*o podemos confundirnos. No quejarse no es resignarse sino adoptar una actitud más sana ante la vida, es decir, o soluciono el problema -hago algo para cambiar lo que me molesta- o callo. Hablar sin parar de un tema, en tono de lamento o crítica no resuelve absolutamente nada, por el contrario, nos hace concentrarnos más en la cuestión y esto nos agobia.

Entonces, ponerse en acción para solucionar algo es magnífico, habla de vitalidad, fuerza de voluntad, energía positiva, ganas de mejorar, por otro lado, el callarse sin resignación implica aceptar sabiamente lo que nos pasa y nos permite llegar a una genuina transformación. Esto está relacionado con la comprensión de que el mundo no debe comportarse exactamente como lo imaginamos. En vez de patalear porque la realidad no es como la queríamos, es mejor ser flexibles para adaptarnos a los acontecimientos y sacar el mayor provecho de ellos.

El lamento frente a las adversidades ya sabemos que no sirve de nada, pero como es más fácil despotricar que mantener silencio o salir a hallar una solución, entonces sucumbimos a su poder. Criticar y quejarse, como explicaré más adelante, denota insatisfacción y baja autoestima y contribuye al mismo tiempo a socavar más nuestros ánimos y emociones.

Piensen en esto: si todos los días solo se centran en lo negativo y verbalizan cada cosa que les ocasiona desagrado, eso los hará sumergirse más aún en la tristeza. Continuamente, estamos grabándonos que las cosas están mal, que «habría» (sin incluirnos) que cambiarlas, pero hacemos todo lo posible, NO para mejorar, sino para que todo empeore.

Si en cambio, nos movilizamos para realizar transformaciones o dejamos de lado los pensamientos negativos que por lo general terminan en queja, fortalecerá nuestra autoestima y nos hará sentir cómodos y bien con nuestra situación.

Cuando no somos dueños de nosotros mismos nos transformamos en esclavos de las circunstancias, de lo que sucede en nuestro entorno.

Insisto… aceptar no implica someterse sino aceptar con sabiduría la naturaleza de las cosas y de los eventos.

Marta y sus quejas

¡*T*odos los días sube el precio de los alimentos! ¡Los transportes públicos no funcionan! ¡Cuánta corrupción hay en la política! ¡Los servicios no funcionan!

Absolutamente cada día de su vida se dedicaba a lanzar estas quejas ante vecinos, familiares o perfectos desconocidos. No importaba el ámbito, cualquier momento era propicio para iniciar esta descarga. Luego de protestar, buscaba miradas cómplices o aprobadoras, para corroborar que su queja era válida y que era normal estar indignada. Debía necesariamente encontrar personas que sintieran lo mismo y se ubicaran en el mismo lugar de víctimas que ella. ¡Sería espantoso no tener compañeros de desgracia! Pensaba para sí.

Lo fenomenal de este asunto es que protestaba por el precio de los alimentos mientras los compraba, criticaba a los políticos, pero jamás se había ocupado de analizar las propuestas de los diferentes candidatos a la hora de votar, nunca había participado de una marcha o debate público en el que se tratara el tema de los servicios.

La queja era solo eso, un parloteo insistente y la corroboración de que había gente en su misma situación indignada, de padecientes.

Verán… este comportamiento no solo no es beneficioso porque no soluciona nada, sino que refuerza esta idea: «Soy víctima, no puedo hacer nada, tengo las manos atadas, no poseo capacidad y pueden hacer conmigo lo que quieran. Somos muchos los que sufrimos, porque si estuviera sola ante esta situación significaría que hay algo mal en mí que debo modificar. Por suerte esto no es así, a todos nos pasa lo mismo y esto significa que el mundo y las cosas deben cambiar, solamente soy víctima y no puedo hacer absolutamente nada».

Este pensamiento es la mejor manera de desmerecernos, marchitarnos, anularnos. No digo que seamos responsables absolutamente de todo ya que hay cuestiones que no responden al orden de lo individual, pero lo cierto es que hay muchas variables que dependen de nuestra intervención, de nuestro rol activo para cambiarlas y mejorarlas. No entender esto es no asumir el compromiso que implica vivir.

¡¡¡Mírenme, estoy enfermo!!!

Con el paso del tiempo he conocido a muchas personas cuya vida giraba en torno al tema de sus dolencias. Obviamente, era una manera que creían sumamente efectiva para atraer la atención. Hoy les dolía un músculo, mañana otro, pasado les molestaba la espalda y en unos días los aquejaba un problema intestinal. Queja va, queja viene, estaban todo el día hablando de sus molestias o enfermedades.

Todos esos individuos que exageran cualquier malestar, por pequeño que sea, se concentran en puntos absolutamente perjudiciales e improductivos: una enfermedad (real o ficticia), una disfunción (real o ficticia) y el llamar la atención negativamente hacia sí mismos.

Se trata de una demostración muy clara de egocentrismo y de falta de respeto hacia sí mismos, ya que bajo estas circunstancias pierden la capacidad de apreciar todo lo bueno que poseen, no valoran aquello que sí está funcionando en su anatomía, no reconocen sus cosas positivas. Todo está mal en ellos y para ellos.

Obviamente, al estar tan inmiscuidos en sus problemas, no se interesan por quienes los rodean, a no ser que sufran también alguna desgracia, porque eso será motivo para referirse nuevamente a su propia falta de salud.

Estas personas no han logrado quererse y, por ende, tampoco aceptan sus limitaciones, algo que las conduce al autorrechazo, por lo cual, siempre están quejándose de sí mismas.

Está claro que todos tenemos una cantidad de tiempo y energía vital que repartimos entre nuestras actividades y las de los demás. Pero cuando solo nos dedicamos a nosotros, no dejamos de vernos el ombligo, enfermamos y nos apartamos del mundo.

Quienes piensen así incluyan en su lista el cambiar esta costumbre y dentro de las cuestiones prioritarias, ya que el egoísmo y la queja de este tipo, nos aparta de la gente, del amor y la felicidad.

Resoplidos, gesticulaciones y otros menesteres

*N*o es necesario expresar con palabras ciertas disconformidades… una postura, un gesto, el chasquido de la lengua, soplar, son manifestaciones del mismo problema: ser una persona acostumbrada a la queja.

Nuestro cuerpo tiene mil maneras de pronunciarse y algunas de ellas son tan nocivas como las palabras negativas.

Recuerdo un día en el que hacía mucho calor. Aproximadamente, una veintena de personas esperábamos desde hacía cuarenta minutos el transporte que nos había de llevar a nuestros respectivos trabajos. La impaciencia comenzó a ganar terreno. No nos conocíamos pero, sin embargo, compartíamos un código: el disgusto. Varios pusimos nuestros brazos en jarra, como en actitud amenazadora, otros tantos empezaron a soplar sin ningún tipo de delicadezas o sutilezas. La tensión estaba a punto de estallar. En un momento determinado surgieron peleas mudas entre nosotros, miradas despectivas, otras, desafiantes. A un hombre le subió la presión y lo tuvieron que atender de emergencia.

Mi bronca era tan densa que me invadió un dolor de cabeza insoportable. Yo creo que así estaba la mayoría. Después de un rato, cuando noté que era imposible seguir así, comencé a observar lo mal que nos sentíamos, lo indignados que estábamos, y pensé que al reaccionar de esta forma no solo no solucionábamos nada sino que además nos sentíamos muy mal, hasta enfermos.

De pronto, me acuerdo, comencé a hacer algunas bromas, a hablar con algunos, luego alguien que estaba en la fila propuso compartir un taxímetro, otros se dieron cuenta de que podían llegar a sus destinos caminando y surgió de manera natural una «pequeña pausa en el enojo» y soluciones.

Nuestros semblantes cambiaron, los cuerpos perdieron sus rictus y fluyó la tranquilidad que habíamos perdido.

Por eso digo que siempre hay que tener presente que si van a comenzar este plan tengan en cuenta que no existe una única manera de quejarse sino que hay múltiples y que debemos estar alerta para detectarlas lo antes posible. Ellas son tan nocivas como las palabras más punzantes.

Actitud rumiadora

"La actitud es riqueza. La queja es pobreza."

HIMNO DE LA CIENCIA CRISTIANA

*U*na cantidad abrumadora de personas padece este problema del pensamiento o actitud rumiadora. Se trata de una actividad por demás perjudicial que consiste en estar minutos, horas, días, semanas, hasta meses, dándole vueltas a un pensamiento o varios, pero sin hallar una solución. Solo se trata de estar concentrados en un tema pero sin resolverlo. Veamos… El mecanismo funciona así: nos hallamos inmersos en una circunstancia que nos preocupa o fastidia, entonces pensamos en ello, una, otra y otra vez… pasan los días, las semanas y seguimos imaginando el mismo problema desde diferentes ángulos, a veces, desde los mismos. No nos detenemos. Protestamos, nos enojamos, criticamos, por momentos, nos culpamos, y seguimos con lo mismo. La salida o no se busca o no se encuentra.

Es un malestar que nos absorbe, nos distrae, nos deprime o nos pone irascibles. A veces se detiene cuando aparece una dificultad de mayores dimensiones, pero si no es así, difícilmente lo borraremos de nuestra mente.

Dice el doctor Walter Riso: «Una persona es rumiadora mental cuando piensa de manera reiterada y obsesiva la misma cuestión».

Este carácter obsesivo es tan perturbador que nos anula o nos debilita para hacer otras actividades o tener otros pensamientos. Es increíble que aun sabiendo que nos hace mal girar en torno a una misma cuestión insistimos como la mariposa que atraída por la luz del fuego no se puede resistir a morir consumida por las llamas.

Sabemos, ciertamente, que estas actitudes nos consumen la energía que necesitamos para proyectos, juegos, risas, lecturas y, sin embargo, perseveramos.

Es decir, ponemos todos nuestros recursos cognitivos y emocionales a disposición de uno o dos problemas y esto nos deja sin capacidad para emprender otras actividades.

Esto, inevitablemente, nos lleva al tema de imponernos distracciones, enfocarnos en otras cuestiones y para ello se requiere altas dosis de fuerza de voluntad, punto del que hablaré más adelante en el libro. Mientras tanto, sepan que son necesarios dos elementos para cortar con este proceso: refuerzo de la voluntad y educación de la mente. Con ellos nos será posible instrumentar el cambio.

Sergio y su idea insistente

*Y*a llevaba seis meses de separación. Susana y él habían decidido que como la convivencia no funcionaba, era necesario terminar la relación. Sin embargo, en Sergio, había quedado como una pequeña duda al respecto, por lo cual, al poco tiempo empezó a llamar a su ex. Ella, a veces, respondía con cortesía, otras, con indiferencia y, otras, con claro enfado. Ciertamente, Susana había iniciado otra etapa de su vida. En cambio, él, seguía prendido patológicamente y con la idea de que si hubiera puesto suficiente de sí, podría haber arreglado la situación. Una vez que pensaba en ello, rápidamente comenzaba a extender sus raíces. Repasaba a cada momento, instantes en los que había estado en su compañía y trataba de imaginar qué hubiese sucedido si se hubieran realizado las cosas de otro modo. Algunos días se culpabilizaba, otros la culpabilizaba a ella. Su mente era bombardeada de forma constante por imágenes de ese pasado. Tenía como una especie de cubo mágico en el que intentaba incesablemente diferentes combinaciones, pero nunca lograba dejar todas las caras del mismo color. Se molestaba, la molestaba. Se agredía, la llamaba y la agredía. Se detestaba y la llamaba para pedirle disculpas. No se concentraba en el trabajo, había perdido el gusto por los pequeños placeres, no podía estudiar o realizar actividades que requirieran cierta concentración, porque toda su atención estaba puesta en aquel episodio de su vida. Nada lograba corregirlo de este estado. Solo con la autoobservación sana, fuerza de voluntad y manejo correcto de la atención, logró aplacar ese devaneo incesante. No necesitó que apareciera otra persona en su vida, no debió hacer un curso de autoayuda, solo con buena orientación y un genuino deseo de poder disfrutar de la vida logró someter sus pensamientos parásitos y su ansiedad. Disciplina, ganas de mejorar y fortaleza interior fueron sus tres salvavidas. Todos tenemos estos tres instrumentos a nuestra disposición, hay que empezar a emplearlos. Se trata de un nuevo aprendizaje al que debemos dedicarnos.

Qué es «sentirse» víctima

> **❝***Considerarse una víctima es una postura cómoda y agradable. La persona que se victimiza se ubica en un espacio imaginario que le confiere automáticamente la razón y las consideraciones incondicionales de otras personas.***❞**

MARIO ROBERTO MORALES

*U*n nuevo tipo de personalidad está haciendo furor en nuestros días. Me refiero a los que se sienten víctimas de alguna situación y cuyo número aumenta exponencialmente. Convengamos que este tema no es nuevo, lo llamativo es su crecimiento exponencial. Estas personas asumen este papel no en pocas situaciones. Se trata de un mecanismo mediante el cual se sacuden toda partícula de responsabilidad y se colocan en el nicho de «no puedo hacer nada, no está esto en mis manos, esto es responsabilidad de otros». Postura fácil. Para asumir esta pose de NO compromiso su mecanismo de queja y/o crítica debe estar muy afinado, porque es lo único que los rescatará de asumir responsabilidades. Los escenarios más diversos sirven para desarrollar sus estrategias... un banco, una plaza, almacenes, talleres, cualquier ambiente sirve de semillero para plantar sus discursos pesimistas, para derramar sus lágrimas y penurias. Este tipo de personalidad necesita a su alrededor personas que muestren su disconformidad y la imposibilidad de trabajar por una solución. A la larga esto se traducirá en el deterioro de su autoestima. Tanto insistir en la no acción, en la responsabilidad de los otros, en el papel de víctima, se enquista en el carácter, en la personalidad toda.

Es un tipo de neurosis que precisa audiencia para calmarse pero a la vez la alimenta. Descarga momentáneamente la tensión, pero al cabo de un rato, aparece la indignación con la misma o mayor intensidad. Pero cuidado con otra faceta del problema: ya sea que sea una búsqueda consciente o inconsciente, quien se considera víctima puede estar buscando la compasión, la lástima de quienes tiene cerca. No obstante si bien la compasión puede resultar para algunos como una especie de mimo o cuidado, es nociva para el amor propio. Tiene un tremendo poder de debilitar a las personas.

La manera de «sanar» es siempre salir del espacio de «no puedo, no es mi culpa, no hay nada que hacer» y adentrarse de lleno en el plano de responsabilidad, de «poner manos a la obra». No somos seres desvalidos, somos seres poderosos con capacidad para generar cambios. La victimización puede parecer muy interesante y cómoda pero debilita nuestras capacidades, nuestras potencialidades.

> *El miedo es mi compañero más fiel, jamás me ha engañado para irse con otro.*
>
> WOODY ALLEN

La ira y la indignación nos hacen manipulables

Quien más quien menos se cree con derecho a estar indignado. Es cierto, tenemos ese derecho, pero si pensamos que sentir indignación nos hace mejores o más responsables o más conscientes, en realidad es una trampa, es cuando somos más vulnerables. Así dispuestos, nos comportamos como una veleta a merced de cualquier viento. Al ser tomados por asalto por la emociones, somos un material fácilmente manipulable.

Las emociones, si bien son parte indispensable de nuestro ser, también hay que tener mucho cuidado con su manejo. Ellas pueden hacernos volar de alegría o sumergirnos en la sima más profunda.

Sé que en más de una oportunidad me sentí con derecho a despotricar o enojarme por una situación particular, y en lugar de calmarme y pensar fríamente la manera de manejar el problema, me dejé embargar por la ira; esto complicó enormemente las cosas porque ya no me conducía con coherencia sino con despecho, emocionalmente. En vez de encontrar una solución me hundía más y más; de hecho, era posible que hiriera los sentimientos de algunas personas que nada tenían que ver con el asunto. Por supuesto, pasada la rabieta, me daba cuenta de lo equivocada que había estado y me enfrentaba a un segundo problema: pedir disculpas, sentirme culpable por haber hablado incorrectamente, enfrentar el hecho de que me había desbordado, perdido energías y tiempo por una circunstancia que no merecía tanto de mi persona.

Así funcionan los famosos «secuestros emocionales»… disponen todo nuestro cuerpo, mente, sentimientos en posición de combate. Ya no escuchamos razones. Solo deseamos embestir.

Lo alarmante de esto es que la indignación y el enojo provienen de un fuerte convencimiento de que tenemos razón, en la cuestión que sea. Estamos plenamente seguros de que somos poseedores de una verdad irrefutable y que debemos gritarla e imponerla.

Maravilloso ¿no? Nada más sano para un ser humano que la terquedad. En fin… para poseer tamaño comportamiento, es necesario contar con un sistema cristalizado de valores, juicios y creencias, que determinan de manera dictatorial lo que es o no correcto, justo o injusto, hermoso o feo. Colocados, de este modo, ante el mundo nos disponemos y predisponemos de manera soberbia, negativa y demoledora. Nos debilitamos e irritamos. Más adelante, veremos entonces qué hacer para romper estos moldes.

> *Si queremos tomar buenas decisiones, debemos pensar con la cabeza fría.*

El engaño de las palabras

(extraído de *Antología de cuentos de la India y Tíbet*)

Se habían reunido para debatir metafísicamente un monje tibetano y un eremita hindú. Durante horas se enredaron en opiniones, puntos de vista y concepciones filosóficas. (…). La disputa no cesaba. Ningún entendimiento era posible. Los disputadores se habían acalorado y sus gritos atrajeron la presencia de un anciano lama. Pidió una explicación y los disputadores se la ofrecieron. El anciano soltó una sonora carcajada.

—Os propongo un ejercicio —dijo—. Quiero que cada uno de vosotros defienda ahora la postura opuesta a aquella en la que creéis. Luego pasaré a veros.

Comenzó otro tipo de disputa más ardiente y enconada que la anterior. (…). Cada uno de ellos, ahora convencidos de sus nuevas opiniones, discutían implacablemente. Pasó nuevamente por allí el lama, los vio otra vez enardecidos y largó una profunda carcajada. Los disputadores dejaron su discusión, quedaron pensativos y comenzaron a reír también.

La moraleja es: las palabras van y vienen como la moneda falsa que unos tratan de pasarse a los otros; en ellas mismas residen la limitación y el engaño.

Criticones al acecho

> *«Tratar a la gente con generosidad es parte de la propia felicidad: beneficiar a otros es sembrar la semilla de nuestro propio beneficio.»*

HONG YINMING

*E*l criticón o criticona siempre «se las sabe todas» y, por ende, se cree con derecho a quejarse de todo y a criticar a todos. Es, ante todo, una persona dominada por la rigidez mental, por lo que juzga con dureza a los demás, y, obviamente, a ella misma. Tienen una visión muy limitada de las cosas y sobre todo poseen una opinión formada sobre cada cuestión, por lo cual, si algo no funciona como piensan que debe funcionar, obviamente es incorrecto. Acto seguido aparece la crítica.

Estas personas son dogmáticas y creen que lo que dicen son verdades absolutas.

Ahora bien, cuando la actitud de queja o crítica va asociada a una referencia continua a la propia virtud, estamos en un verdadero problema: «Yo soy buena, los demás, no. Yo trabajo como loca, y él no; yo siempre trato bien a la gente y me responden mal…».

Este comportamiento tiene origen en las falsas creencias; es decir, a través del tiempo vamos armando todo un entramado de pensamientos del tipo: esto es bueno y aquello otro es malo, eso es justo y, lo otro, injusto. Es la forma que concebimos para organizar nuestra vida y el mundo. No obstante, no somos conscientes de que ese mismo entramado lejos de ordenar el mundo, organiza una trampa que aísla, porque cuando esta trama es dura, tiesa, no da lugar a cambios de ideas, a comprender otras realidades, a establecer empatía y comunicarnos bien. Me gusta usar más aceptantes que tolerantes. Más adelante me explayaré al respecto. Se entenderá, pues, que ser criticón se traduce en obstáculo no solo para los otros sino para nosotros mismos. ¡Desprendámonos de lo que nos ocasiona sufrimiento!

> *No importa lo que salga mal, siempre encontrarás quien, después, te diga que sabía cómo evitarlo.*
>
> LEY DE MURPHY

Cuento anónimo: Las tres rejas

El discípulo de un sabio llega a su casa y le dice:

—Maestro, un amigo estuvo hablando de ti con malevolencia...

—¡Espera! —lo interrumpe el maestro—. ¿Hiciste pasar por las tres rejas lo que deseas contarme?

—¿Las tres rejas? —preguntó consternado.

—Sí. La primera es la verdad. ¿Estás seguro de que lo que quieres decirme es absolutamente cierto?

—No. Lo escuche de unos vecinos.

—Al menos lo habrás hecho pasar por la segunda reja, la de la bondad. Eso que deseas decirme, ¿es bueno para alguien?

—En realidad no. Al contrario...

—¡Ah, vaya! La última reja es la necesidad. ¿Es necesario contarme esto que me quieres decir?

—A decir verdad, no.

—Entonces... —dijo el maestro sonriendo—, si no es verdad, ni bueno ni necesario, olvidémoslo.

Diferencias entre la crítica constructiva y la destructiva

> **❝***Una de las actitudes mentales básicas que afecta más a nuestras relaciones con los otros seres humanos es la envidia. Ser envidioso es un signo de un sentimiento de inferioridad.***❞**

ALFRED ADLER

*C*riticar puede tener dos lados: uno positivo o constructivo y otro negativo o destructivo. La intención determinará a qué categoría corresponde.

El propósito de la crítica constructiva es enseñar u ofrecer soluciones para ayudar a una persona o grupo de personas; en cambio, la destructiva tiene la intención de hacer daño, de culpabilizar, de humillar; y no posee ni fines didácticos ni altruistas.

Cuántas veces hemos escuchado frases tales como: «todo lo que tocas lo destruyes», «eres un total idiota», «nada escapa a tu torpeza», y cosas por el estilo. Con ellas, se pretende descalificar completamente a la persona, y no buscar un hecho puntual que se debe corregir.

También quiero hacer notar otro hecho relacionado con la crítica… su frecuente relación con la envidia. Nos preguntaremos, entonces, qué es la envidia y cómo se vincula con el tema que estamos tratando.

La envidia es un sentimiento de desdicha y enojo, al mismo tiempo, por no poseer lo que tiene otro, ya sean cosas o cualidades. Esta daña la capacidad de disfrute y deteriora o impide todo sentimiento de compasión, ternura y amor. Justamente la manifestación más evidente es la degradación del otro. Es la falta de amor hacia uno lo que genera enojo, y la bronca termina en la búsqueda de hacer daño a quien se ve mejor o más feliz que nosotros.

Recuerden que envidia y felicidad no pueden coexistir. Si piensas mal vives mal. Si deseas el mal, este te volverá.

> *Alguien tiene que arriesgarse a responder al insulto con bondad.*

VERSO LXXIX, TAO TE CHING

Daños que ocasiona una crítica

> *Si la gente practicara la sinceridad y la armonía usando palabras amables y llenas de tacto, padres e hijos no estarían separados. El intercambio de ideas y la comunicaciónes mejor que el control de la respiración o la meditación.*

HONG YINMING

Hablar sin medir las consecuencias es como darle un arma a un niño. Emplear las palabras de manera errónea ha causado y causa mucho daño. Es hora de tomar conciencia de que el «hablar correctamente o guardar silencio» es una de las formas para evolucionar personal y espiritualmente.

En una ocasión, una colega, conocida justamente por lo criticona y metida que era, hizo que un joven perdiera su empleo en la empresa por empezar a desparramar sus sospechas de que él estaba robando dinero de la administración. Nunca se pudo probar nada, de hecho, sabemos que, actualmente, está trabajando en una oficina en donde lo tienen por persona correcta y de bien, pero desgraciadamente por culpa de esa mujer sin escrúpulos que no controla sus palabras, fue víctima de desprestigio.

Por eso insisto en que hay que cuidar mucho cuando nos quejamos o hablamos de alguien porque nunca se sabe el daño que podemos hacer.

Hay que tener por seguro que si se hace un esfuerzo bien dirigido para manejarse con un vocabulario honesto, justo, adecuado, difícilmente se conviertan en blanco de críticas.

Con todo esto quiero decir que el lenguaje puede producir felicidad o infelicidad en uno y en los otros.

Empecemos, pues, ya mismo a no quejarnos, a hablar correctamente de la gente y de las cosas, a expresarnos bien con respecto a nosotros mismos, y comprobaremos, en poco tiempo, cómo mejora nuestra autoestima y aumenta el respeto hacia quienes nos rodean.

> *"Sabes mi nombre, no mi historia. Has oído lo que he hecho, no lo que he pasado. Sabes dónde estoy, mas no de dónde vengo. Me ves riendo, pero no sabes lo que he sufrido, deja de juzgarme, que saber mi nombre no implica conocerme."*

ANÓNIMO

Contra la inercia de la vida diaria

Ser quejica es todo un deporte que con la práctica nos hace corredores de fondo. Si dieran premios por quejarnos creo que un 90% de la población mundial ya habría pasado por algún podio.

Hay un grupo muy selecto, por ejemplo, que está firmemente convencido de que la queja es operativa y que de ningún modo debe abandonarse porque eso implicaría ser derrotado; de hecho, ven en la protesta (solo la protesta) un acto revolucionario, de rebeldía hacia lo que los tiene en estado de descontento. Sin embargo, sigo afirmando que si la queja no viene acompañada de un verdadero compromiso no es útil.

Repasemos esto todas las veces que sea necesario... la queja es una expresión, una manifestación de descontento que por sí misma no produce modificaciones, en cambio, cuando en su lugar existe una postura activa para generar cambios, ya sea en la vida personal o en el entorno social, esa actitud sí es funcional. Es decir... si se nos presenta una circunstancia que nos resulta problemática, elaboramos un plan para remediarla y nos ponemos en marcha para implementar la solución, entonces, nuestro comportamiento es funcional.

De nada sirve rumiar o mascullar, porque llega un momento en que se instala en nuestras mentes la loca idea de que no hay salida. Nos autoconvencemos de que las cosas están pésimamente mal y de que no hay solución posible, porque estas realidades ocurren más allá de nuestra influencia. Todo sucede en una periferia en la que somos actores y víctimas a un mismo tiempo. Podemos padecer pero no podemos hacer que nada cambie.

Nosotros tenemos poder para realizar modificaciones, tenemos fuerza para luchar por lo que deseamos, amamos y creemos. No somos simples espectadores sin derecho a intervención alguna.

Nuestras vidas son sumamente valiosas, vale la pena defenderlas, luchar para que sean buenas y felices y para ello nuestro rol no debe ser pasivo sino plenamente participativo.

Los que opinan de todo: el criticón que quiere atraer la atención

> *"Estuve tan ocupado escribiendo la crítica que nunca pude sentarme a leer el libro."*
>
> GROUCHO MARX

*U*na persona que opina de todo siempre está lista para manifestar su parecer sobre la cuestión que se presente, y como su principal objetivo es captar la atención, entonces cuando más quejoso, criticón y polémico sea el comentario, mejor será para su fin.

Esta profesión pseudocientífica ha llevado la crítica y la queja a otros niveles. De hecho, en la actualidad, programas de televisión con millonarias audiencias estructuran todo su contenido sobre la base de estos gurús modernos. No importa si se aprende o se enseña algo, la intención es despotricar, y cuanto más ensañamiento haya, mejor.

Imagínense una persona así en el siglo XVIII donde el menor agravio se consideraba una afrenta y motivo para duelo. Realmente no tendrían una vida muy larga a menos que fueran diestros en el uso de las armas. Hoy en día, en cambio, los valores se modificaron a tal punto, que es posible difamar a cualquiera sin temor a las consecuencias. A nadie le importa. Cuanto más daño se hace mejor.

Lo que no llegamos a comprender es la verdadera dimensión de esta nefasta actividad. Sucede que cuando emitimos una opinión, sobre todo sin verdadero conocimiento, se puede herir severamente a una persona, a su trayectoria, a su vida completa.

Por eso, no creo bajo ninguna circunstancia, que sea bueno prestar oído a estas personas, darle lugar para que ejerzan su actividad. La vida nos ofrece cosas más interesantes para hacer, actividades nobles y sanas, por qué entonces sostener situaciones armadas desde lo negativo y mal intencionado.

> **"***El hombre de pensamientos magnánimos se trata a sí mismo y a los demás con consideración, entonces su magnanimidad está en todas partes. Un hombre de pensamientos mezquinos se trata a sí mismo y a los demás con mezquindad, entonces su malicia está en todas partes.***"**

HONG YINMING

El empleo de sarcasmos

> « *Todo el mundo sabe que inconscientemente juzgamos a las personas por su forma de estar de pie, caminar y sentarse, sus expresiones faciales y así sucesivamente. No siempre juzgamos conscientemente, pero por lo general estas impresiones crean un sentimiento básico de simpatía o antipatía.* »
>
> ALFRED ADLER

Nadie está exento de su uso. Es muy común ver que un lenguaje en tono gracioso y hasta gentil, en el fondo puede estar escondiendo una queja o crítica. El sarcasmo, más evidente que la ironía, supone un mensaje oculto que manifiesta lo contrario de lo que decimos. Se trata de una acción agresiva que si bien no puede quizá entenderse de primera a través de las palabras mismas, sí podemos detectarla a través del lenguaje corporal: un tono socarrón, la expresión de nuestro rostro, una sonrisa extraña. Este modo de comunicarse o incomunicarse, mejor dicho, además de hacer posible un malentendido, produce una necesidad de respuesta, que por lo general responde proporcionalmente a esa agresividad. Ahora bien, si se abusa de este recurso, lo más seguro es que la gente comience a apartarse porque lo cierto es que una persona sarcástica o irónica no hace otra cosa que manifestar una posición desencantada ante la vida, y esa frustración y tristeza no genera un clima de encuentro y alegría, sino de decepción y tristeza.

Esta burla malintencionada maltrata y, por lo tanto, si somos quien la proferimos, deberemos cambiar este modo de comunicarnos con la gente, porque el daño que se ocasiona con ella muchas veces puede aislarnos.

Ahora bien, cuando somos el blanco de sarcasmos podemos adoptar ciertas actitudes:

Antes de responder, es necesario tomarnos un tiempo para pensar qué nos quiere decir la persona y si vale la pena responderle.

Nunca debemos confundir el humor de alguien con una postura sarcástica. Muchos tienen la costumbre de querer impresionar con bromas, pero no para agredir sino para llamar la atención.

Es fundamental actuar correctamente, aun si nos insultan. Hay que resistir la tentación de devolver un comentario hiriente con la misma malicia; en tal caso, es mejor retirarse educadamente.

Jamás tenemos que descender al nivel del atacante, pues no nos hará sentir mejor, por el contrario, esa reacción influirá negativamente en nosotros.

Responder a quien creemos que nos agredió, parafraseando lo que dijo, es una excelente forma de que el otro reconsidere lo dicho.

Debemos tener presente que la persona que degrada o insulta, primero lo hace consigo misma, por lo cual, antes de responder la agresión, es mejor sentir compasión.

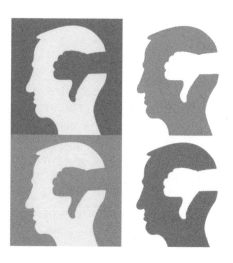

Aceptantes versus tolerantes

> *"En una tormenta, lo primero en caer son los árboles más rígidos. En cambio, hay plantas que se doblan acompasando los vientos fuertes y sobreviven por ser más flexibles."*

VERÓNICA DE ANDRÉS

*V*eamos las acepciones que me interesan del Diccionario de la Real Academia Española: Tolerar significa 1. Sufrir, llevar con paciencia. 2. Permitir algo que no se tiene por lícito, sin aprobarlo expresamente. 3. Resistir, soportar, especialmente un alimento, o una medicina. 4. Respetar las ideas, creencias o prácticas de los demás cuando son diferentes o contrarias a las propias.

Ahora analicemos qué implica aceptar según la RAE (solo tomé dos definiciones; las que venían al caso, la primera y la segunda).

Verán que entre ambas hay una diferencia importante esto es: en el primer caso se habla de un padecimiento o de respeto hacia lo diferente; en el segundo caso se habla de recibir sin resistencias, sin que medie la noción de diferencias.

Cuando hablo de aceptantes tiene que ver con una posición desde la que no tengo juicios, por lo tanto no tengo ideas disímiles o contrarias y recibo las ideas de los otros sin esfuerzos, sin trabajo. Se trata de una postura contemplativa, que asimila todo cuanto le llega sin tomar partido o armar conceptos. Entiende que cada uno tiene una realidad y que cualquiera es tan válida como otras. Para ello se necesita una buena receptividad y flexibilidad.

Esta forma de recibir y no interpretar requiere disciplina, disposición y la suficiente apertura mental como para comprender la multiplicidad de ideas, pensamientos y actitudes sin discutirlas.

El furor de la intolerancia es el más peligroso y loco de los vicios

"La rigidez y la intolerancia es una expresión de falta de amor."

La intolerancia es falta de voluntad o habilidad para tolerar o soportar algo, ya sean situaciones o personas con puntos de vista diferentes. Supone, ante todo, inflexibilidad, obcecación. En el intolerante, una vez que se ha formado una opinión, esta adquiere carácter de norma o ley, hecho que hace que todo lo que sea diferente a ella sea rechazado, la mayoría de las veces, con malas formas.

La gente intolerante suele ser impertinente, discriminadora e intransigente. No admite argumentaciones que no concuerden con su forma de pensar.

Ser quejosos o criticones también es un modo de la intolerancia, porque al no aceptar lo que les brinda su entorno o su propia vida, se enojan, molestan o agreden verbalmente.

Tal vez, les suene duro leer estos párrafos, pero lo cierto es que, bajo determinadas circunstancias, no hay mejor manera de decir estas verdades que directamente, sin vueltas. Este modo de acercarme y hablarles tiene el propósito de sacudir el adormecimiento para producir una suerte de sorpresa; ingrata, seguramente, pero efectiva, porque con ello, quizá, logre irritarlos y alejarlos de la autocomplacencia o el seguir haciendo más de lo mismo.

Digámoslo otra vez. LOS QUEJOSOS Y CRITICONES son molestos, irritantes, producen desconfianza y son intolerantes, lo que evidencia una fuerte frustración respecto de sus vidas y el mundo. ¿Es esa la imagen que quieren dar? ¿Los ayuda en algo ser así? ¿Obtienen alguna ventaja gracias a esa particular característica?

Supongo que no.

De modo que, tras haber dicho esto, sería bueno preguntarnos cómo cambiar, cómo ser aceptantes y respetuosos.

Bueno… he aquí la respuesta:

Dejar de ser intolerante implica un cambio sumamente profundo porque requiere una transformación total de mentalidad. Se necesita borrar límites y diferencias, comprender que todos somos uno, todos somos partículas del mismo universo y por ende, todos estamos hechos con los mismos componentes que el resto. ¿Cómo pensando así podemos hablar de puntos de vista disímiles? ¿Cómo considerarnos mejor o peor que otros?

Pero tener esta actitud ante la vida requiere un trabajo que consiste en derribar falsas creencias y prejuicios. No digo que sea imposible, pero sí que es un camino arduo y que requiere paciencia y dedicación, sobre todo, para entender que si todos somos uno no puedo agredir o despreciar a nadie, porque estaría despreciándome a mí mismo.

66 Aunque toda sociedad está basada en la intolerancia, todo progreso estriba en la tolerancia. 99

GEORGE BERNARD SHAW

Hipocresía: cada situación, un nuevo rostro

> « *El amor ahuyenta al miedo y, recíprocamente, el miedo ahuyenta al amor. Y no solo al amor el miedo expulsa; también a la inteligencia, la bondad, todo pensamiento de belleza y verdad, y solo queda la desesperación muda; y al final, el miedo llega a expulsar del hombre la humanidad misma.* »

ALDOUS HUXLEY

*L*a hipocresía es «el arte de fingir» opiniones, creencias, sentimientos y cualidades. Proviene del deseo de esconder la verdadera personalidad, y esta pretensión de «encubrimiento», por lo general, tiene sus raíces en el temor a ser rechazado o ridiculizado. También puede tener como objetivo mostrar una versión mejorada de uno mismo y que no tiene nada que ver con la verdadera esencia. Esta operación de disimulo y simulación construye una imagen que se quiere transmitir, quizá de autoridad, de poder, sabiduría, distante de lo que verdaderamente se es.

Noam Chomsky decía que la hipocresía es uno de los mayores males de nuestra sociedad porque promueve, ante todo, la injusticia, desigualdad, el engaño y el autoengaño. Muchas personas que no desean reconocer sus carencias y sus fallas, que no poseen una alta autoestima, edifican un alter ego con lo que desearían ser, pero en sí es una mentira que tarde o temprano termina descubriéndose.

Cuando, entonces, hay baja autoestima se genera una experiencia de temor, porque el desamor produce debilidad y sensación de desamparo.

¿Qué hace una persona así? Finge sin cesar, dice lo que no siente, pronuncia lo que no cree.

El miedo y el desamor tiene disfraces terribles, que de llevarlos mucho tiempo puestos uno termina por nunca sacárselos de encima. Y perder la esencia, el ser, es una tragedia.

Hay que tener la valentía de sacarse la máscara y mostrar lo que se encuentra debajo de ella.

> *Tres cosas son las que complacen al Señor inmensamente: una lengua que nunca se permite hablar falsedades, un individuo que no mancha su vida por hacer daño a los demás y una mente que está libre de apego y de odio.*

SATHYASAI BABA

Sé como un muerto

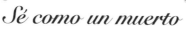

(Adaptación de *101 cuentos clásicos de la India*)

Era un venerable maestro que sólo tenía un discípulo, al que paulatinamente iba impartiendo la enseñanza mística. Un día el maestro se dirigió al discípulo y le ordenó:

—Querido mío, acércate al cementerio y, una vez allí, con toda la fuerza de tus pulmones, grita toda clase de halagos a los muertos.

El discípulo así lo hizo y luego regresó junto a su maestro.

—¿Qué te respondieron los muertos? —preguntó el maestro.

—Nada.

—Ahora, vuelve al mismo lugar y lanza toda suerte de insultos a los muertos.

Y así lo hizo.

Cuando se reunió por segunda vez con el maestro, este le preguntó:

—¿Te han dicho algo los muertos?

—Nada.

El maestro concluyó:

—Así debemos ser... indiferentes como muertos tanto a los halagos como a los insultos de los otros.

Frustración

> *«Nuestros mejores éxitos vienen a menudo después de nuestras mayores decepciones.»*

HENRY WARD BEECHER

«Tener tolerancia a la frustración es una de las habilidades esenciales de las personas. La tolerancia a la frustración nos permite disfrutar más de la vida, ya que no perdemos el tiempo amargándonos por las cosas que no funcionan», dice Rafael Santandreu.

Si bien es cierto que es necesario aprender desde pequeños a manejar la frustración, de mayores también podemos iniciar el aprendizaje. Es cuestión de proponérselo y practicar, y, sobre todo, estar dispuestos a cambiar, por lo menos, algunas ideas. Esto significa que muchas de nuestras reglas internas y creencias deberán ser modificadas.

La mayoría querríamos llegar sin obstáculos al trabajo, que los niños trajeran todo el tiempo buenas notas del colegio, que nuestra pareja fuera más atenta, que no existiera la delincuencia, que la casa fuera autolimpiante, que ese chocolate que tanto nos deleita no nos hiciera engordar, que los servicios funcionen adecuadamente, en fin, la lista es interminable. Sin embargo, muchas veces, no resultan las cosas como las deseamos y, entonces, sobreviene la frustración. Ahora bien, si en vez de decepcionarnos, aceptáramos estos avatares sin pesar, sin tristeza, sin enojo, más bien con entereza y desde una profunda convicción de que la vida tiene miles de complejidades y por lo tanto es ridículo esperar que absolutamente todo lo que deseamos se cumpla, ¿no sería una mejor actitud?

Ganarle el pulso a la desilusión implica que si bien tenemos expectativas, estas no deben tener carácter de condición *sine qua non* para que seamos felices. Nuestro bienestar no puede depender de que se cumplan o no condiciones externas. Si bien suceden cosas en nuestro entorno que nos pueden predisponer mejor o peor, no significa que deban hacernos sentir terriblemente mal o defraudados. Pueden molestar, en el peor de los casos, pero no mortificarnos.

Parte de nuestra vida está compuesta por adversidades, por resultados no esperados y no estar preparados para ello, lamentablemente, nos conduce por mal camino.

> *"Cuando aprendáis a aceptar en lugar de esperar, tendréis menos decepciones."*

ROBERT FISHER

El contagio emocional

*M*e levanté de buen humor, fui a trabajar, también, de buen humor, salí de la oficina y me encontré con Silvia para merendar. Ella estaba sumamente perturbada por un problema. Maldecía y se quejaba de manera intermitente. Tenía un halo denso de enojo. No cesaba en su cacareo iracundo. A los pocos minutos de estar con ella, comencé a experimentar empatía y a sentirme mal, irritada, y yo también empecé a protestar. Claro; cuando llegué a casa, a la noche, ya estaba completamente molesta, contesté mal a mi pareja, y cuando mi madre me llamó por teléfono, le respondí mal, y todo esto ¿por qué? Porque me había contagiado del estado emocional de mi amiga.

El estudio de las emociones constituye un lugar común en la historia del pensamiento filosófico, y ha venido a ocupar un sitio preponderante en la psicología, sobre todo, a partir de los estudios realizados por el doctor Daniel Goleman.

Sin embargo, hace mucho tiempo que el hombre sabe que no es solo una masa compacta de músculos, fluidos y huesos sino que se halla conformado por emociones, ideas y sentimientos, y que es necesario saber controlarlos, manejarlos, porque las tempestades emocionales causan todo tipo de efectos indeseados.

Actualmente, es de público conocimiento la influencia que las emociones tienen en nosotros y en los otros, en el cuerpo y las acciones.

Seguramente habrán notado que hay frases que se han puesto muy de moda como: «Hoy no tienes buena onda», «qué buena vibración emites», «aquel tiene baja energía». Todas estas expresiones se refieren en definitiva al estado emocional con el que nos estamos manejando, y su cualidad más sobresaliente es la capacidad de contagio y expansión que posee. Si bien antes afirmábamos que el ser humano era un animal racional, ahora debemos agregar que es un animal racional y emocional.

De modo que, será preciso, saber manejar las emociones propias y las ajenas. Podemos decidir, como en el ejemplo con el que inicié este tema, huir de la situación, solidarizarnos con el enojo o sencillamente manejarnos de tal manera que lo que sienta el emisor no nos afecte. De esto dependerá, en primera y última instancia, de nuestra tranquilidad y felicidad cotidianas.

> *«Para conquistar a los demonios, primero hay que conquistar el propio corazón. Si el corazón se conquista, las hordas de demonios se someterán. Para controlar los impulsos violentos, primero hay que controlar los motivos. Si el espíritu está en calma, la violencia externa no puede invadir el alma.»*

HONG YINMING

Las exigencias esclavizan y las preferencias liberan

"La necesidad es un mal, no hay necesidad de vivir bajo el imperio de la necesidad."

EPICURO DE SAMOS

Aquí estamos ante un punto neurálgico porque las exigencias, ya sea con uno mismo o con los demás, provienen de un profundo problema emocional. Considero que se trata, ante todo, de una postura infantil y sumamente egocéntrica ya que la persona que exige no tiene consideraciones, no recapitula, ni da el brazo a torcer, las cosas deben ocurrir de una manera y no de otra. Cuando suceden imprevistos o la realidad no se desarrolla como estaba pensada, salta, inmediatamente, la queja, la protesta y la intransigencia.

Repasemos estas frases o pensamientos que son tan frecuentes: «Es justo que si saludo cordialmente me saluden de la misma manera», «si doy el paso, en algún momento me lo deben ceder a mí», «si soy una persona buena y justa, los demás también deben serlo». En principio parecen lógicos estos razonamientos, pero detrás de ellos se agazapan falsas creencias, ya que no necesariamente las cosas han de ocurrir como se cree que es lo justo y obligatorio.

Cuando necesitamos que se cumplan nuestras leyes internas para ser feliz, nos estamos alejando de la realidad, nos separamos de lo que ocurre efectivamente en el mundo y nos enfadamos, en cambio, cuando en lugar de la necesidad planteamos una «preferencia», ocurre un gran cambio cualitativo.

La visión que tenemos con respecto al manejo de necesidades y preferencias es una cuestión medular y, por lo tanto, definitoria de nuestra actitud ante la vida.

Podemos tener una existencia feliz, comprendiendo y aceptando la multiplicidad de pareceres y opiniones o podemos vivir miserablemente peleándonos con todo el mundo ante la imposibilidad de imponer nuestras ideas. De nosotros depende.

> *Reorganiza tus prioridades, no le otorgues a todo la etiqueta de necesidad. Diferenciar a ambas es de vital importancia para organizar tu vida.*

¡El show de la protesta!

Confieso que, a veces, me da miedo encender la radio, la televisión o abrir un periódico porque sé que cualquier noticia allí será mala. Nunca aparecen titulares que anuncian un hecho feliz. Todo es crisis.

Los medios son el escaparate de las desgracias: hacen encuestas para ver qué mal anda todo, se realizan informes acerca del hambre mundial, de la crisis económica, de la falta de trabajo, de los índices de mortalidad, de la cantidad de tornados y tsunamis que azotaron a una población y la lista sigue *ad eternum*. La prensa amarillista obtiene sus ganancias de la descripción de desastres naturales y accidentes. Se ha confundido la libertad de expresión con el hábito desvirtuado y erróneo de la protesta y la crítica.

Entonces, todo el día y a toda hora, si no nos damos cuenta, estamos expuestos a un espectáculo abrumador donde se nos habitúa a recibir negatividad.

De pronto, influenciados por la energía de los medios, nos encontramos despotricando en cualquier lugar por los políticos, los precios, un dolor de muelas… cualquier cosa es buena para protestar.

En suma: nos sentamos cómodamente en una silla o sillón para recibir pasivamente una retahíla de realidades que rayan con la obscenidad, el humor negro y el regocijo en la desgracia, que día a día socavan nuestra integridad mental y emocional al instalarnos en un progresivo pesimismo.

No propongo vivir aislados, desinformados, sino bien informados y con una actitud participativa ante la realidad.

Hay que poner filtros, leer y comprender muy bien lo que nos dicen. Es sumamente necesario realizar un análisis minucioso de la información que nos quieren vender.

De modo que esta es otra tarea que deben apuntarse… seleccionar la información, los programas que ven, los periódicos que leen, hacer un análisis de ello y finalmente, en la medida de nuestras posibilidades, ver en qué sentido podemos colaborar para mejorar la situación y sin quejas.

Este paso también deberá formar parte de nuestro plan.

¿Eres un imán para los quejicas?

Amelia siempre dice que, desde muy joven, recuerda haber sido una especie de imán para los quejicas. Es raro, porque la conozco y sé que es una persona muy positiva y alegre, sin embargo, basta que esté unos segundos en un sitio para que se le empiecen a acercar estos personajes quejumbrosos. Como es muy activa y expeditiva, con el tiempo desarrolló una técnica bastante eficaz para alejarlos de sí. Tomen nota:

Cuando una persona conocida se les acerque —nos recomienda—, y empiece a soltarle el rollo, deténganla con mucha naturalidad, sin agresión ni malas caras, mírenla cordialmente y díganle: ¿Sabes? Sé que esto que me tratas de contar es sumamente importante para ti, pero la verdad es que en este momento estoy con un problema personal que me dificulta prestarte toda la atención que necesitas. Te propongo un sistema que me ha ayudado a mí en reiteradas ocasiones. Tomas un papel, anotas en él la situación que te preocupa, lo que la ocasiona y las posibles soluciones que se te ocurran. Con ello estoy segura que lograrás un panorama más claro del asunto, y, de hecho, hasta es posible que lo resuelvas. Sin embargo, si después de ello, aún sigues molesta y preocupada, llámame y nos encontramos en un café para discutir el tema y, entre las dos, quizá podamos hallar una salida. ¿Te parece bien?

Cuando, en cambio, se trata de un desconocido o desconocida, con mucho tacto y respeto, en el mismo instante en que inicie la queja, deberemos decirle que estamos ocupados con cuestiones que demandan toda nuestra concentración y que por lo tanto no podemos distraernos con otros temas.

Esta forma de comportarse para muchos podrá parecer cortante y hasta egoísta, pero lo cierto es que en primer lugar siempre debe estar nuestro propio cuidado. Créase o no, ser depositarios de negatividades realmente puede afectar nuestra salud mental y física.

Tipos de quejas y críticas

Las quejas automáticas

«*T*engo sueño, estoy cansada, no me alcanza el dinero, me duele todo el cuerpo, mi marido es un pesado, mi mujer es una bruja, estoy cansado de hacer trámites, mi trabajo es horrible…»

Muchas de estas frases son parte de nuestro discurso diario. Se hicieron tan normales en nosotros que ni siquiera registramos cuando las empleamos en lo cotidiano.

Cuántas veces vemos gente que en un mercado, mientras llenan las bolsas de la compra, hablan acerca de «la miseria que estamos pasando», o se quejan de la factura de la luz y tienen de la mañana a la noche todas las lámparas de la casa encendidas al mismo tiempo, o protestan por el precio de la gasolina, y resulta que en una casa donde hay cuatro personas, los cuatro tienen coches, los cuatro trabajan relativamente cerca y en los mismos horarios y, sin embargo, no viajan juntos. ¿Mejor es quejarse, verdad?

Sin ir más lejos, tengo una vecina que tiene por costumbre gritar improperios a su hija cuando la niña dice palabrotas, y luego se escucha decir a la madre: ¡esta chica no aprende nunca, me salió maleducada!

Propongo que, de una vez por todas, tomemos conciencia de lo que decimos; que antes de hablar lo pensemos muy bien, porque hay gente que verdaderamente siente hambre, verdaderamente no le alcanza el dinero para mandar a sus hijos al colegio, ni siquiera pueden pagar la factura de la luz porque ni siquiera tienen un hogar.

Quejarse es no tener conciencia de lo que poseemos, es no valorar todo cuanto nos rodea, es no apreciar lo que hemos logrado y evolucionado a través del tiempo, es no tener cariño hacia lo que hemos hecho, con quién estamos y, en definitiva, lo que somos.

> *«La gratitud tiene enormes poderes regeneradores. Hace mucho tiempo descubrí que agradecer lo que tenía me servía para superar el sentimiento de autocompasión. Mi gratitud hacia otras personas siempre aumentaba mi felicidad. Cada vez que me sentía poco apreciado, hacía un recuento de todas las cosas maravillosas que me habían ocurrido recientemente y me volvía la alegría.»*

LEE COIT

La queja como modo de abrir una conversación

*Q*ué comunes son las quejas «amenas o sociales», esas que se usan para iniciar una conversación o para hacer amistad con un extraño. Un ascensor, una recepción, la sala del sanatorio, en un viaje, los escenarios son ilimitados para desplegar las armas de la queja social.

Esta modalidad no tiene como objetivo solucionar absolutamente nada, sino comenzar una charla o un debate para pasar el tiempo, para hacer algo cuando estamos ante desconocidos o cuando en una reunión no aparece un tema interesante en el tapete.

«¡Qué clima!, ¡No para de llover! ¡Qué calor hace! ¡La humedad es lo que mata! ¡La gente ya no tiene respeto por nada! ¡Los jóvenes son unos irreverentes!»

Al final, casi que resulta una actividad simpática y operativa esto de protestar. No obstante, por parecer así, es que se hace peligrosa.

Resulta que cuando la negatividad se transforma en moneda corriente y no tenemos en cuenta la opción de hablar en términos positivos, se instala el pesimismo de manera natural y en un punto determinado nos insensibilizamos y la tristeza se torna cada vez más densa e invencible.

En vez de usar temas interesantes y constructivos como forma de romper hielo en una conversación o integrarse a un grupo, elegimos palabras de baja energía, de «mala onda» podría decirse.

Ciertamente, cambiar este patrón requiere todo un aprendizaje, tal como veremos más adelante, pero no es imposible, se trata, en principio, de cambiar este hábito dañino para establecer discursos positivos como modos de comunicación.

Vertebrar una conversación con temas de alta energía, positivos, es sano, promueve el bienestar, produce una sensación placentera y de esperanza. Solo requiere valentía y práctica.

Quejarnos para no desentonar del resto

"Quien vive temiendo nunca se tendrá por libre."

HORACIO

*E*stimo que ya se habrán dado cuenta de que muchas veces, aunque no tengamos de qué quejarnos, lo hacemos igual. Tal vez, estamos bien en el trabajo, pero como nuestros compañeros protestan nosotros nos sumamos a eso para no desentonar; o quizá, se nos acerca alguien para quejarse por una seguidilla de días lluviosos y aunque no nos perturbe esa situación, hacemos eco del comentario.

Esto sucede, en reiteradas ocasiones porque nos da temor expresar disconformidad, decirle al otro que nos sentimos bien o estamos conformes con uno, algunos o todos los aspectos de nuestra vida. Sea como sea, no importa la forma, nos hace falta crear vínculos y si ello implica sumarse a la negatividad, muchos están dispuestos a ello.

No son pocos los que no se anima a manifestar felicidad o no se atreven a afirmar que las cosas les van bien porque les da miedo que los rechacen por ser diferente, por circular en otro sentido.

Al parecer, hablar de problemas, de sufrimientos, desgracias, es como la norma para conectarse con los otros. Lamentable circunstancia. A las personas no les gusta diferenciarse. Todos con los mismos zapatos, las mismas gamas de colores, los mismos diseños. En cuanto a comportamientos se refiere, esto funciona del mismo modo. Se iguala todo para que no haya nada diferente, porque lo distinto asusta y eso debe evitarse.

Creo que en muy pocas oportunidades pude presenciar conversaciones en las que se hablara de agradecimiento, felicidad, bendiciones o bonanza. Hay miedo de exponer nuestra dicha… alguien podría arrebatárnosla o tacharnos de orates.

Yo sostengo lo que decía Camus… No hay nada vergonzoso en escoger la felicidad.

> *Tú eres un triunfador potencial, serás el factor principal de tus éxitos cuando logres forjar en ti una personalidad fuerte y atrayente. Este es un poder que te abre paso entre tus semejantes y que los induce a aceptarte con muy buena voluntad.*

TIBERIO LÓPEZ FERNÁNDEZ

Degradar a alguien para caer bien en un grupo

Autoestima baja, alta necesidad de ser aceptado, dos eslabones que raramente se separan. Siempre están juntos cooperando entre sí. ¿Nunca se sintieron, en una reunión, criticando a alguien, aunque ese alguien no les cayera mal, tan solo por sentirse parte del grupo, y querer compartir un interés con ellos?

Aunque no lo crean, es un hábito que ocurre frecuentemente, muchas veces sin darnos cuenta. De hecho, con el tiempo se ha transformado en una actividad social casi obligatoria.

Por ejemplo… estamos esperando en una sala a ser atendidos por el médico, de pronto, uno comienza a hablar mal de los servicios médicos, otro se indigna y apoya esto, otro asiente con su cabeza para avalar lo que dicen los dos, otros hacen lo mismo. Algunos quizá nunca tuvieron problemas en los ambulatorios, hospitales y médicos, pero temen llevar la contraria, les da miedo parecer una especie de loco.

El 8 de marzo, fui a ver a Julieta, mi prima, para festejar su cumpleaños. Mi idea había sido, en principio, estar ese día junto a ella y a sus amistades y pasar una bella jornada. No obstante, al poco tiempo de estar allí, todos dejaron de hablar de estudios, de programas de televisón, moda y comenzó a formarse un debate acerca de Juan, la ex pareja de mi prima. Todos opinaban de él, y mal; incluso, por ciertos comentarios, me di cuenta de que muchos de los que allí opinaban apenas habían cruzado algún saludo con él y nada más, pero de todos modos se habían formado una idea acerca del «inefable personaje» y era el centro de todos los comentarios maliciosos.

Para encajar en el grupo la consigna era hablar mal de Juan. Así fue que nadie, excepto algunos niños y ancianos, dejaron de transmitir su idea acerca del detestable ex de Juli.

Este comportamiento que puede parecer ridículo visto así como anécdota, es muy frecuente, porque el ser humano teme a la exclusión y para no ser víctima de ella, suele hacer cosas incorrectas, incluso hablar de lo que no se conoce.

Yo siempre propongo que cuando sientan ganas de opinar de alguien, imaginen que tienen a esa persona delante de ustedes, a ver si se animarían a hablar mal. Es un recurso que puede parecer tonto, pero en ocasiones se puede transformar en una barrera de contención antes de actuar incorrectamente.

> *"Una persona irascible es como un fuego devorador: todo lo que encuentra a su paso lo consume. Una persona malvada es fría como el hielo, y todo lo que encuentra lo daña. Una persona obstinada e inflexible es como agua estancada o como madera podrida: su vitalidad está extinta. Estas personas se afanan en realizar y lograr cosas, Pero aun así la felicidad las sigue evadiendo."*

HONG YINMING

Quejas frecuentes

¡No aguanto más a mis padres!

> *"Honra a tu padre y a tu madre, como te ha ordenado Yahvé, para que se prolonguen tus días y te vaya bien sobre la tierra..."*
>
> DEUTERONOMIO 5, 16

Me da tanta tristeza cuando escucho a los adultos quejándose de sus padres... A medida que pasa el tiempo, nos guste o no, en muchos casos pasamos a ser padres de nuestros padres, porque con sus achaques, dolores, movilidad limitada, precisan nuestra fuerza y juventud.

Algunos nos sentimos felices por esa tarea, porque es la oportunidad de devolver todo el bien que nos hicieron: cuántas veces no durmieron para bajarnos esa fiebre que nos consumía, cuántas dejaron de darse una alegría para comprarnos ese juguete que mirábamos con adoración, cuántas debieron hacer grandes esfuerzos para darnos un techo digno, buena educación y la alimentación correcta.

Otros, en cambio, en vez de sentirse honrados, se molestan, sienten una carga de la que deben deshacerse prontamente.

Está claro que, en muchos, los años producen un efecto desagradable tal como egoísmo, amargura, insensibilidad, por lo que cuidar de otros que no sean ellos mismos, pareja o hijos genera molestia y enojo.

No obstante, poder tener la oportunidad de cuidar de nuestros padres y velar por ellos debería brindarnos alegría. Los actos desinteresados que nacen desde el amor producen más amor, es una retroalimentación tan positiva que nos ilumina y nos hace evolucionar como personas.

Todos estamos de acuerdo en que la forma de vida actual no es gran promotora de los lazos familiares. Las horas laborales sumadas a otros tipos de exigencias hacen que estemos todo el tiempo sumamente ocupados y que olvidemos reservarnos tiempo para la familia. Esto hace que muchos padres ancianos se queden solos en sus casas, con poco contacto con sus hijos o nietos. La incorporación de los padres ancianos a la vida familiar es parte de una cadena de amor y gratitud que lleva consigo la superación del egoísmo o del desamor.

Si los hoy ancianos se han ocupado de educarnos y mejorar nuestras condiciones de vida no creo correcto desentendernos de su asistencia.

Debemos aceptar esta tarea con cariño y dedicación, con lo que se pueda o como se pueda, nadie es perfecto; se tratará en tal caso, de dar lo mejor a aquellos que nos dieron la vida.

> *No es la carne y la sangre, sino el corazón lo que nos hace padres e hijos.*
>
> JOHANN CHRISTOPH FRIEDRICH SCHILLER

¡Mi jefe es un cretino!

> *Todos los hombres que no tienen nada importante que decir hablan a gritos.*
>
> JARDIEL PONCELA

«Dejo mi vida en este trabajo, decía Alicia. Cuanto más rindo, más hago, más me pide mi jefe. Nunca es suficiente. Jamás agradece nada. Solo me señala si me equivoco y lo hace de forma bastante grosera. Me presiona y exige. He hecho trabajos realmente buenos y los mira socarronamente como si fueran poca cosa. Me tiraniza y no puedo más. Él es un cretino. Ya verá lo que es trabajar mal.»

Personajes despóticos existen en muchos ámbitos y no solo en el laboral, el tema es cuánto poder le damos para molestarnos.

Si bien es necesario trabajar para cubrir nuestros gastos, pagar una hipoteca o un alquiler, el colegio de los niños, la universidad y varias cosas más, lo cierto es que es fundamental, en la medida de las posibilidades trabajar en un clima de tranquilidad y sana competencia, no bajo maltratos.

Pero estas situaciones desagradables suelen estar propiciadas, en ocasiones, por nosotros mismos también. Sin agredir o levantar la voz, se le puede decir al gerente, jefe o cualquier superior que no están dispuestos a tolerar malos tratos.

«¡Escuche, puedo realizar estos informes mejor de lo que lo he hecho, pero por favor no me levante la voz, comprendo las consignas cuando se me habla con respeto!»

Todo tirano, para existir, necesita un tiranizado, pero si no accedemos a cumplir ese rol, difícilmente ese opresor pueda tener impacto en nosotros. Se trata, siempre, con mucha altura y clase, de mantener una actitud de respeto hacia ustedes mismos y sentir sobre todo que valen, que su trabajo es bueno y que también tiene valor. Si creen en ello, difícilmente puedan desmoralizarlos.

Recuerden que no tenemos obligación de estar donde estamos, siempre hay posibilidades de cambiar de trabajo. Siempre. Y es mejor dejar el puesto antes de seguir permitiendo mal trato o trabajar mal a propósito. Porque si descendemos al nivel del mal comportamiento como forma de devolución de la tiranía, nosotros nos hacemos tiranos también. Nunca hay que cambiar para peor, siempre para mejor.

> *Cuando el trabajo no constituye una diversión, hay que trabajar lo indecible para divertirse.*

JARDIEL PONCELA

69

¡No hay justicia en el mundo!

> *"Nuestro cerebro es el mejor juguete que se ha creado. En él están todos los secretos, incluso, el de la felicidad."*

CHARLES CHAPLIN

¿Les suena familiar esta expresión? Seguro. Se escucha todo el tiempo. En todos los rincones del mundo. Todos la hemos dicho alguna vez.

Cada uno tiene sueños, expectativas, ilusiones con respecto al presente y futuro, y cuando se presenta un abismo entre ese deseo y lo que la realidad nos ofrece, salta inmediatamente ¡la vida no es justa! Esta frase es un clásico, que cuando llega a un extremo de enojo o decepción termina por transformarse en ¡la vida es una &%$#$$##!

Pero lo he dicho hasta el cansancio, la vida no es justa o injusta, la vida solo transcurre y no podemos hablar de ella como si se hubiera encariñado o ensañado con nosotros. En tal caso las personas son los artífices, los que modelan y dan las características a la existencia.

Debemos recordar que el exterior es reflejo de nuestro interior y atraemos aquello en lo que pensamos. Si sentimos caos, temor y sufrimiento, nuestra realidad se configurará con esos elementos. Es inevitable.

Decir que LA VIDA (incluido todo lo que hay en ella) es una porquería o injusta representa estar negados a todo lo hermoso que hay a nuestro alrededor, y no nos permite absorber, degustar y disfrutar toda la belleza que nos circunda y que nos brinda la posibilidad de vivir en armonía, con tranquilidad y felicidad en el corazón.

¡Estoy cansada de vivir aquí!

> *"No podrás impedir que la melancolía sobrevuele sobre tu cabeza, pero sí trata de lograr que no haga nido en ella."*
>
> POETA CHINO DEL SIGLO XI

*E*sto lo repetía sin cesar una colega cuando se refería al país. «Paros, manifestaciones, las instituciones bancarias nos timan, los políticos solo están preocupados por llenarse sus bolsillos y no se interesan por las necesidades de la gente, los impuestos cada día son más elevados, los hospitales no tienen todos los fondos que necesitan, crisis y mala atención en todos lados. Aquí estamos todos alterados y malhumorados… yo tendría que marcharme a otro lugar.»

Imaginen que esta queja se reiteraba una y otra vez a lo largo de la semana y se prolongaba durante meses. Si había suerte, durante un par de días se detenía, pero luego volvía a la carga y con más furia.

Un día, un poco cansada de este ritual, la interrumpí en pleno proceso de protesta y le dije:

—Dime, ¿tienes idea de que con quejarte no solo no logras nada sino que te alteras y perturbas a los demás? ¿No sería mejor ver qué puedes hacer para cambiar la situación en la que te encuentras? Protestar no te alivia, no te brinda una solución, por el contrario, te hunde. Hay opciones, solo es cuestión de buscarlas.

»Debes tener siempre presente que estar instalada en la queja sin pensar en planes alternativos te enoja, estanca y debilita. Es primordial hallar salidas, no obstáculos.

»Lo ideal sería ver qué está pasando en tu interior para entender dónde se halla la raíz de tanta protesta y disgusto; quizá te lleve un tiempo comprender a fondo la situación, pero de una vez por todas podrás poner remedio a lo que te está atormentando. Si además te ayudas, no juzgándote o crispándote, sino desde una posición cariñosa y comprensiva, será posible una mejor adaptación al medio y a las circunstancias que te rodean.

»Desde este punto de vista, la vida puede mejorar enormemente, porque lo que estás necesitando más que cambiar de barrio o continente, es ordenar el Ser interior.

Luego de estas palabras, ella posó sus ojos en mí de una forma muy extraña, y me dijo:

—Tienes razón, me hiciste reaccionar, nunca me di tiempo para pensar las cosas de este modo.

Al día siguiente, la volví a encontrar en el pasillo de la empresa y noté un semblante más relajado e iluminado, se la veía «un poquitín» más serena.

Con el tiempo sé que fue cambiando, hizo un esfuerzo para mejorar, pero los resultados no se hicieron esperar. Hoy está más tranquila y no exige que la realidad se amolde a sus caprichos. Cuando no le gusta algo trabaja para mejorarlo y si no puede, ve otra manera de mejorarlo, pero comprendió que ser quejica no la ayudaba en absoluto.

¡No me llevo bien ni conmigo misma!

> *Es intentando lo imposible como se realiza lo posible.*

HENRI BARBUSSE

Cristina era toda una experta en hacer la guerra contra sí misma. Se sentía fea, poco capaz, torpe. Cualquier adjetivo calificativo malo lo tomaba para sí. No se privaba de poner obstáculos en su propio camino. Claro… si una persona no se aprecia, por supuesto que no valorará a los demás. Esto tiene rigor de ley. Por ende, no poseía un núcleo de amigos, con su familia discutía permanentemente y tenía un trato espantoso con sus vecinos. Hasta con los desconocidos le venía bien alguna que otra pelea.

Su queja diaria y continua era: «¡No me soporto! ¡Qué vida espantosa y aburrida que tengo!»

Ella sabía que era su propia enemiga, la fuente de toda su ira, resentimiento y frustración. Se había estancado en esa protesta y, al mismo tiempo, no modificaba nada.

«¡Qué triste estoy! ¡No vale la pena vivir de la manera en que vivo!», se repetía.

Y seguía con sus rutinas.

«¡La gente está loca, no hay respeto ni compasión!» Y venían más lamentos.

A esta altura muchos dirán ¿por qué no dejaba de quejarse y trataba de salir de esa situación?

Verán… es lo que se llama «trampas». Esto es, para muchos, por ilógico que suene, resultan más apetecibles las viejas creencias y actitudes, porque son su zona de confort, que implementar un cambio, que representa lo nuevo y, por lo tanto, incierto y temible; entonces, adoptan la queja como una forma de evasión.

Insisten, recalcan su dolor y malestar, pero a la vez no desean alterar absolutamente nada. Se automatiza el mal vivir, se crea como una especie de convivencia patológica con él. Es como esas parejas que aun llevándose mal continúan conviviendo, prefieren seguir así antes que enfrentar situaciones que le son desconocidas.

Para aquellos que se encuentren «entrampados» de este modo, aunque no les guste, es mi obligación decirles que solo se sale de allí con coraje y valentía. Tienen que abrir la puerta y animarse a ver qué es lo que hay afuera. El miedo puede ser una traba gigante pero hay que eliminarla y enfrentarse a lo que venga para poder tener una buena vida, una existencia plena.

¡Cada día me siento más vieja!

> « *Todo es relativo, el tiempo que pasas en el baño depende del lado de la puerta en que te encuentres.* »
>
> WOODY ALLEN

> « *La juventud es un defecto que se corrige con el tiempo.* »
>
> JARDIEL PONCELA

Cada día, Luisa se levantaba, miraba sus brazos, sus piernas, palpaba su rostro y se angustiaba porque sentía que había perdido su lozanía. Se hallaba muy desmoralizada, como que la vejez le había venido de golpe y no tenía energías para salir de la cama.

—Ya está, repetía, soy vieja (tenía TAN SOLO cuarenta años), tengo que trabajar porque debo mantenerme de algún modo, pero no pienso arreglarme, total nadie me mirará, ya no soy atractiva.

Se dirigía al baño, se miraba en el espejo y practicaba diferentes maneras de estirar esos pómulos, el cuello, la frente.

—Voy a ponerme una camisa de manga larga porque los brazos los tengo fláccidos y usaré ropa negra para que no se vea que estoy gorda, si además dejo que el cabello caiga sobre mi rostro, se verán menos las arrugas y si uso zapatos altos parecerá que las piernas no son gorditas.

Claro, cuando salía a la calle parecía «un algo indefinido», un extraterreste, casi. Ya sea en reuniones, trabajo, salidas, gimnasio, cualquier ambiente era bueno para quejarse de sí misma. No aceptaba ningún tipo de cumplido, de hecho, si alguien le decía algo bonito creía que era por compromiso.

Y seguían las autocríticas.

Su vida era un infierno, literal y metafóricamente hablando.

Sin embargo, un día como cualquier otro se levantó, se bañó, miró en el espejo y no quiso sentirse nunca más de ese modo.

Se propuso realizar el plan de 21 días sin quejas porque era insoportable sobrevivir como lo estaba haciendo. Un día, dos días, el tercero surgió una crítica, volvió al primer día del plan, y uno, dos, tres, siete, quince, crítica, volvió de cero, y uno, tres, ocho y VEINTIÚN DÍAS.

Junto con este plan de no quejarse, fue trabajando sobre sus pensamientos erróneos, se obstinó en cambiar su visión de sí misma. Trazó un proyecto paralelo para aprender a aceptarse.

Hace poco cumplió 41 años, se la ve preciosa, radiante, se quiere como es, no tiene miedo de ponerse ropa ajustada o colorida, acepta cumplidos y los considera sinceros porque entiende que ella no tiene que ajustarse a ningún parámetro de belleza impuesto culturalmente; ella es su propio parámetro y tiene tantísimas características encantadoras.

Se la ve espléndida porque creó dos nuevos hábitos (de alta energía) amarse y no quejarse.

¿No me siento amada por mi pareja!

A continuación les transcribiré una carta que hallé (obviamente, cambié el nombre de la persona que la había redactado) en una especie de correo sentimental en una página de Internet:

«Hola, mi nombre es Lucía y tengo 38 años. Bueno, mi problema es que no logro encontrar felicidad en el amor de pareja. Ya tuve varios fracasos amorosos. Hace pocos meses empecé una relación, sobre la que puse grandes expectativas, pero resultó más de lo mismo. No me siento valorada ni querida. Él no me demuestra que le soy importante, indispensable, y cada vez que le digo que lo amo, él me responde afirmativamente con su cabeza, pero no me dice que me quiere y eso me hace sentir muy mal. Si bien entiendo que está atravesando un momento difícil en lo laboral, igualmente siento que debería tener algún tipo de recompensa, algo que me haga sentir que soy valiosa para él. Ya no sé qué hacer todo esto me hace infeliz, ¿qué hago? ¿Lo dejo o lucho por nuestra relación?»

Queridos amigos y amigas, también esto es una queja, la queja con fachada sentimental.

Ahora bien, hay algo que no se nos debe escapar, reparen en sus palabras: «no me siento valorada, no me demuestra que soy importante, indispensable…». Esto que a simple vista parece un reclamo al otro deberíamos reformularlo y expresarlo de otro modo… ella es la que no se valora, ella es la que no se ama. No puede esperar que otro la ame más de lo que se ama a sí misma y si ella no posee amor propio, menos aún logrará ese cariño de parte de otro.

El amor, la confianza y la valoración deben comenzar en nosotros. La queja y crítica que se deposita en el exterior solo desvían la atención, nos desliga de la responsabilidad de realizar un trabajo para implementar cambios en nuestro interior, en nuestro ser profundo.

Sumemos otra tarea al plan… tomar conciencia de nuestros puntos débiles, de nuestras carencias y prepararnos para hacerles frente y modificarlos, en vez de echar culpas. Debemos hacernos personas completamente responsables.

¡Ya no existe el respeto!

*N*o paraba de decir esto el hombre que tenía sentado cerca de mi mesa en un bar.

«¿A dónde fue a parar el respeto?», insistía.

Al parecer estaba indignado porque sus vecinos, que de por sí solían ser bastante ruidosos, habían incorporado un miembro más a la familia (un amigo que había venido de otra provincia a vivir con ellos) que resultó ser más ruidoso que toda la familia.

—Imagínate —le decía a la persona que tenía sentada frente él—, toda la noche con la música altísima... no pude pegar ojo.

—Golpeé la puerta y nadie respondió, traté de asomarme por el patio interior para llamar su atención y nada. Después de llamarlos varias veces, uno de ellos se asomó y cuando le pedí que bajaran el volumen dijo que no quería hacerlo porque estaba en su casa y hacía lo que quería.

—No hay justicia, no hay respeto. Nunca conversé con ellos, pero sé que no les agrado y estoy seguro de que no solo esta situación continuará sino que lo harán a propósito para molestarme.

En realidad, como podemos apreciar, este hombre habla de justicia, de respeto, de sentimientos según sus creencias y prejuicios. Nada puede confirmar todo lo que él ha afirmado y sin embargo está 100% seguro de todo lo que ha dicho.

Repasemos una y otra vez esto: la queja, la bronca se produce cuando creemos saber lo que pasa por la cabeza del otro, cuando no respetan lo que creemos que es justo, y cuando la gente no responde según nuestros parámetros.

Al ponernos en un pedestal y dar todo por hecho juzgado, inevitablemente aparece la ira y la protesta.

Entiendo que tener vecinos poco colaboradores no es lo mejor que le pueda pasar a uno, pero también es discutible el tema de exigir o tratar de imponer nuestras condiciones a otros.

Si el problema se llegara a agudizar, será necesario buscar otros caminos para hallar una solución coherente y basada en el respeto mutuo, pero la queja por sí sola nunca resolverá la situación.

¡La gente me tiene hastiada!

> *«Cuando compartimos, ampliamos nuestra capacidad de ser felices.»*
>
> PROVERBIO TIBETANO

«¡Ya no tengo paciencia!», repetía Alberto, «¡ya no aguanto nada!». Apenas subo al autobús me pongo auriculares para no escuchar a nadie, gafas de sol para que no vean mi mirada de hastío. Unos empujan a otros, si te descuidas te pasan por encima, debes estar atento en todo momento porque al menor descuido te roban, estafan o te matan. Apenas salgo de casa no veo la hora de volver porque solo allí me siento seguro y tranquilo. Me sobra la gente, cada día tengo menos ganas de escuchar o hablar. Al principio pensé que esto se debía a estrés laboral, pero luego me di cuenta que ya no tengo ganas de que me defrauden más. Las personas me decepcionan y me cansan. Ya no espero nada de nadie.

Este comentario hecho por Alberto, lo he escuchado infinidad de veces de otras personas, y calculo que ustedes también, o peor, lo habrán emitido en alguna oportunidad. Entiendo que en muchas ocasiones podemos enojarnos por la vorágine en la que vivimos. El vivir apresuradamente y con una lista interminable de obligaciones puede trastornarnos y hacernos desear que nada nos moleste o estorbe, pero sucede que este problema parte primeramente de nosotros antes que de otros. Podemos estar rodeados de personas y lograr sentir paz, no quizá como la que sentiríamos en medio de un paisaje bucólico, pero sí sin sentirnos hostilizados. La tranquilidad es interior. Si logramos serenarnos y entender que los demás también tienen sus problemas y cansancio veremos que no es necesario recluirnos, apartarnos. Cuando hacemos empatía notamos que la gran mayoría pasa por lo mismo y si en vez de quejarnos y rechazar, ponemos una sonrisa en nuestro rostro, respondemos con cortesía, ayudamos a alguien que lo necesite, no nos sentiremos tan apabullados y agredidos, se trata de solidarizarnos y darnos cuenta de que todos no somos meros individuos, sino que todos somos uno y que no debemos aislarnos para ser felices. La armonía y el equilibrio deben lograrse en todo momento y lugar y no en un ambiente apartado del mundo.

¡Yo asumo todas las responsabilidades y mi pareja no hace nada!

> **"En mi casa mando yo, pero mi mujer toma las decisiones."**
>
> WOODY ALLEN

Cuando vivimos en pareja es habitual que surjan conflictos. Se deben pagar facturas, hacer la compra, limpiar, etc.

Justamente para que todo funcione correctamente es imprescindible tener una buena organización; repartición de tareas, por decirlo de alguna manera.

Lo conveniente, pues, es una asignación de actividades y compromisos equitativa y equilibrada ya que cuando no se establece de este modo, uno de los dos termina diciendo: «¡Yo asumo todas las responsabilidades y mi pareja no hace nada!».

Ya hablamos de que la queja no es operativa o funcional, de hecho, entorpece y rarifica cualquier circunstancia aparentemente problemática, de modo que el camino certero que debemos tomar es el replanteo de la situación de cada uno, armar un nuevo plan de trabajo y ponerse hombro con hombro, de una manera solidaria, a colaborar en el hogar.

Ser mujer no implica tener neuronas especializadas en cocina o limpieza, ser hombre no significa ser el proveedor del hogar, el encargado de sacar la basura o el pintor. Cada vez más el hombre está integrado en las tareas domésticas y las mujeres asumen roles que por tradición pertenecían a los hombres.

La idea es abandonar esta protesta y dedicarse activamente a instaurar pequeños cambios que produzcan a corto y largo plazo modificaciones que generen bienestar en esa relación.

El amor y el respeto deberán ser los que aconsejen cómo diseñar ese nuevo pacto de convivencia. Surgirán seguramente algunas discrepancias y se iniciarán nuevas negociaciones, pero jamás hay que limitarse al lamento, porque esto solo produce rencor y bronca, dos factores que suelen ser los principales causantes de las separaciones.

¡Todo me sale mal!

«*T*odo me sale mal» dice Horacio cada vez que llega tarde al trabajo. Repite «me sale mal» como si hubiera detrás de ello alguna especie de maleficio que lo ha marcado para la desgracia. Pero nunca dice «debo levantarme con más tiempo para llegar temprano a la oficina».

«Todo me sale mal» repite María cuando por enésima vez ha tratado de hacer un informe que nunca puede terminar con éxito.

Jamás dice «debo organizar mejor este trabajo, prestarle más atención a ciertas variables, estoy distraída».

«Todo me sale mal» protesta Juan luego de concluir un negocio y observar con desagrado que el margen de ganancias ha sido mucho menor al esperado. No piensa que debió estudiar más detenidamente cada movimiento o haber hecho mejor sus presupuestos.

De aquí podemos extraer varias ideas: a) Hay que asumir la responsabilidad por los propios errores, en vez de pensar en procesos mágicos como los posibles autores de equivocaciones o fracasos. B) Tomar medidas para solucionar problemas en vez de quejarnos. C) Hacernos esta pregunta… ¿Realmente TODO nos sale mal? ¿Acaso todo en nuestra vida funciona incorrectamente?

Cuestionarnos de este modo que le demos al problema sus verdaderas proporciones.

Yo creo que ningún ser humano puede responder afirmativamente a estas preguntas. De ser así, sería inexplicable que siguiera vivo.

Por tal motivo, antes de decir «Todo me sale mal», pongamos la situación en perspectiva, evaluemos qué es lo que debemos cambiar para que las cosas nos salgan de manera correcta y valoremos todas esas actividades que desarrollamos con energía y de manera positiva porque nos da fortaleza para solucionar todas esas circunstancias que acomplejan nuestra cotidianeidad.

¡Odio mi cuerpo!

> **"***El cuerpo es una construcción simbólica,
> no una realidad en sí misma.***"**
>
> DAVID LE BRETÓN

«¿*P*or qué soy tan acomplejada? —se preguntaba Sofía—. ¿Por qué no puedo salir a la calle, sin avergonzarme de mi cuerpo? ¿Por qué? Me miro en el espejo, desde diferentes ángulos y el resultado es el mismo… decepción. No soy lo que se denomina gorda, sino rellenita, pero esto es suficiente para que la ropa no me quede como quisiera, ni los hombres me miran como miran a otras chicas. ¡No aguanto más ser fea!»

Veamos esto… Sofía repetía este lamento hasta llorar. No podía escapar de esta trampa que generalmente se encuentra armada por las convenciones sociales o por la educación que recibimos.

Muchas mujeres se autorrechazan, se visten con largas y oscuras faldas y camisas sueltas para no revelar sus contornos, que consideran tan desagradables. Esto a la corta y a la larga produce problemas en las relaciones sociales y afectivas. Esta circunstancia que denota baja autoestima y que se manifiesta tanto a través de la queja genera grandes dificultades y no reporta ningún beneficio.

Por propia experiencia sé que nunca modelé mi cuerpo, ni bajé de peso, ni me quise más por protestar o criticarme, tampoco se me estiraron las arrugas que tengo alrededor de mis ojos por refunfuñar. Si a veces cambió mi anatomía fue por hacer alguna dieta, ejercicios y creer en mi valía. Nada bueno resulta de castigarse.

Cuando se reemplaza el enojo y la queja por la aceptación, por adaptación a la realidad, se produce un gran acontecimiento… nos sentimos cómodas con nosotras mismas, nos resulta confortable manejarnos con el cuerpo que tenemos, y ese bienestar es como un bálsamo que hace que nos veamos, incluso, más bellas.

No existe la perfección ni es bueno querer ser algo que no somos. Tenemos que apreciarnos contra viento y marea, porque si nosotras no nos amamos nadie más lo hará. Depositar nuestras expectativas y felicidad en el qué dirán y en la aceptación de los otros es un lento suicidio.

¡Mi vida es un desorden!

Solía asistir regularmente a dibujo. Tomaba las clases en la casa del profesor. Cada vez que entraba allí tenía la sensación de que en algún momento había explotado una bomba y el sitio nunca había sido reconstruido. La comida de los gatos estaba por todos lados, los pelos de sus felinos se hallaban adheridos a todas las prendas, muebles y pisos. Rara vez dedicaba tiempo a la limpieza y el orden. Le era imposible encontrar en poco tiempo sus acuarelas, herramientas y pinceles. Ni hablar de hallar alguna de sus paletas, trapos o delantales lavados.

Lo más exótico de esa situación era el escuchar en cada encuentro su famosa frase: «mi vida es un desorden». Día tras día era el mismo lamento, pero nunca reparaba en el hecho de que esta situación podía cambiar y que esa solución estaba en sus manos. Lo que halló más cómodo e irresistible fue la queja y con ella sellaba su destino. Es como si sentenciara: «esto es así y no cambiará».

Claro, con ese pensamiento, difícilmente saldría de la protesta y de la anarquía que imperaba en su hogar.

Un día, quizá fastidiada por la incomodidad de tener que pintar entre tanto desorden y suciedad, me animé a sugerirle (con muchísimo tacto) que él podía mejorar el aspecto y limpieza del sitio contratando a una persona idónea para tal menester o, incluso, él mismo, podría dedicarle una hora diaria al mantenimiento de su casa.

Recuerdo que me miró de una manera como si se hubiera encontrado con un fantasma. Es decir… se había encarnado en él tan fuertemente la idea de que su vida era desordenada que ni por asomo pasaba por su cabeza que esa situación podía cambiar. Ya era como parte de sí, su destino, su estilo de vida.

A veces, una observación hecha a alguien, con respeto y en una circunstancia adecuada, provoca estupor en un primer momento, pero luego puede convertirse en un motor de cambio.

¡No hay nada que me siente bien!

"Para cambiar tu vida por fuera debes cambiar tú por dentro. En el momento en que te dispones a cambiar, es asombroso cómo el Universo comienza ayudarte, y te trae lo que necesitas."

LOUISE HAY

«Cuando hace calor protesto por ello, cuando hace frío me quejo por las bajas temperaturas, si llueve me enojo, si hay un sol radiante, también me molesto, levantarme temprano me fastidia, pero despertarme tarde me complica y protesto. Si no hago gimnasia reniego porque me siento poco flexible y hasta más gorda, pero en cuanto tomo la clase de gimnasia gimoteo porque me canso.»

Así transcurre la vida de la mayoría de las personas «a las que nada les viene bien». Quejas, quejas y más quejas, todo les produce irritación, no se toman tiempo para entenderse, y absolutamente cualquier cosa les resulta una carga.

A muchos les puede parecer cómica esta situación y hasta irreal, pero si observan detenidamente, el 80% de los seres humanos padecen este «síndrome del nada me conforma».

No es cuestión de risa, realmente, porque vivir de este modo no tiene nada de gracioso, ya que el inconformismo, el malestar y la pesadumbre son lo cotidiano con lo que estas personas deben convivir cada segundo de sus vidas. Cuando no se sale de esta modalidad, todo parece tener el mismo color, olor y sabor, nada emociona, entusiasma o divierte. El mundo se ve como un lugar en donde nada es relevante y cada día es la copia exacta del anterior.

En muchos casos puede ser síntoma de depresión, en otros se trata de un modo aprendido de experimentar la vida.

Sea cual fuere el caso, no es una opción continuar así, por lo cual, será imprescindible poner en práctica el plan de los 21 días o iniciar una terapia. Cada segundo es importante y no podemos seguir desperdiciando nuestro tiempo entre lamentos, enojo o apatía.

¡Paren de meterse en mi vida!

Susana se lamentaba acerca de lo cansada que estaba de que su familia se entrometiera en su vida. Cuando hablaba con sus padres le decían: «¿Aún no cambiaste de trabajo? ¿Sigues trabajando en esa empresa que te paga tan poco? ¿Y tu ex te volvió a llamar? Mejor que no lo haga porque no es buena persona. Tú eres bastante veleta y si te dice dos palabras vuelves inmediatamente con él».

Sus hermanos le repetían: «Tienes que dejar de hacer esos cursos que no te sirven para nada, focalízate en estudiar algo que te dé dinero. Deja ya esas tonterías y empieza a hacer algo en serio».

Estos eran algunos de los comentarios que recibía y por lo cual ella protestaba diariamente. Inevitablemente surge esta pregunta: ¿Cómo sabe su familia que ella hace cursos, que gana poco dinero, que su ex no es bueno con ella y que, además, no tiene un gran trabajo? Tal cual... como lo están pensando... ella es la que brinda toda esa información. Para colmo de males en vez de decirles: «¡No opinen más, es mi vida!», deja que siga el avance de las opiniones y se enoja o deprime. Es primordial hacer respetar nuestra intimidad, el respeto empieza por uno mismo. Quejarse no es la solución al problema, sino conservar para nosotros ciertos aspectos de nuestra vida. A veces los amigos y la familia opinan porque pretenden aconsejarnos y hacernos bien, pero el efecto puede ser contrario porque puede llenarmos de bronca y rencor por algo que nosotros mismos generamos.

> *"Necesitaba un nido, un lugar donde refugiarse, donde pudiera escapar de los demás, un hogar para él solo, para preservar su intimidad sin que lo vigilaran."*
>
> GAO XING JIAN

Poema: Los tres quejosos

¡Qué mal —gritó la mona—
que estoy sin rabo!
¡Qué mal estoy sin astas!
—repuso el asno.
Y dijo el topo:
Más debo yo quejarme,
que estoy sin ojos.
No reniegues, Camilo,
de tu fortuna;
que otros podrán dolerse
más de la suya.

Si se repara,
nadie en el mundo tiene
dicha colmada.

JUAN EUGENIO HARTZENBUSCH

3. Cortando con las quejas y críticas

> *" El porvenir de un hombre*
> *no está en las estrellas,*
> *sino en la voluntad y en*
> *el dominio de sí mismo. "*

WILLIAM SHAKESPEARE

Conociéndonos a nosotros mismos

> *" Ten una idea de ti mismo que corresponda lo*
> *mejor posible a lo que tú realmente eres. "*

PEDRO LAÍN ENTRALGO

Si volviéramos a leer a esos filósofos clásicos tan queridos, comprobaríamos que en ellos es un tema recurrente el conocimiento de uno mismo. A través del tiempo, siempre nos han querido transmitir la importancia de profundizar en nosotros para, también, conocer a los demás.

Es en este recorrido de la intimidad que determinamos quiénes somos y cómo somos. Es en este proceso cuando establecemos el límite de mi yo y el de los otros.

Explorarnos implica tomar conciencia de nuestras potencias y capacidades, de nuestros límites, gustos, disgustos, de lo que nos motiva o desmotiva. Desconocer nuestros límites y poderes es lo que tarde o temprano genera la intolerancia, el inconformismo, la decepción, frustración y quejas.

Es necesario para encaminarnos bien hacia un objetivo cierto y concreto el conocer estas potencialidades y herramientas que poseemos, ya que sin esa comprensión, avanzamos erráticamente y en algún momento se presentarán los problemas.

Conocernos favorecerá cualquier sendero que emprendamos y nos fortalecerá para alcanzar las metas que deseemos.

Encontrar sentido a la vida es encontrar sentido a nuestra vida.

Si, por ejemplo, trazamos una meta pero desconocemos hasta dónde podemos llegar, cuáles son nuestras cualidades para acometer la tarea, será imposible cumplir el propósito. Conozco mucha gente que se propuso comenzar un proyecto, pero tarde o temprano desistían; el motivo era que ignoraban la raíz del problema: sus propios límites y capacidades. Ante este desconocimiento todo intento fracasa.

Recuerdo una amiga que tenía un problema de obesidad bastante importante, hacía gimnasia, hacía la dieta de la luna, del sol, de las estrellas, de los días pares, la de los impares y nada resultaba. Esto se debía a que no se tomaba el trabajo de indagar el porqué de esa necesidad de comer tanto ni cuánta fuerza de voluntad y determinación tenía para implementar este cambio. Era una desconocida para ella misma. Por otro lado, dentro de ella había problemas de fondo que no quería recordar o sacar a la luz, entonces se desgastaba denodadamente para tratar el síntoma pero nunca la enfermedad. No tenía ni quería un conocimiento íntimo, solo quería modificar la fachada.

En cuanto a la queja se refiere, es igual… cerrar la boca no alcanza, porque podemos protestar mentalmente que es casi lo mismo. Debemos profundizar y ver por qué nos mostramos tan descontentos con la realidad para ser como somos y actuar como actuamos. Hasta que no hagamos esa introspección, ese aprendizaje de lo que nos sucede no podremos cambiar.

Mencioné como elemento fundamental la fuerza de voluntad, pero en última y primera instancia también necesitaremos este conocimiento íntimo para manejarla.

" ... gracias a la autocomprensión, a la compresión de uno mismo, podemos descubrir en el seno de la conducta humana la capacidad para la autopercepción, cierta idea de sí mismo, la posesión de una vocación personal, la importancia que tiene para la vida la libertad, la imaginación (...) "

PEDRO LAÍN ENTRALGO

Quitándonos ciertos automatismos

Estudiémonos durante unos días. ¿Hay alguna queja que se ha instalado de manera permanente? ¿Una protesta, tal vez, que nunca resolvemos? Veamos las más recurrentes:

- Mi vida es un tormento.
- Nada funciona bien.
- Todo me pasa a mí.
- Nadie me comprende.
- No me siento amada.
- La gente no me respeta.
- La vida es complicada.
- Mis hijos me vuelven loca.
- Estoy muy cansado.
- No esperaba este futuro para mí.
- Tengo la impresión que algo no anda bien en mi salud.
- No me tienen paciencia.
- El mundo se va al infierno.
- De este modo no vale la pena vivir.
- El dinero no me alcanza.
- Yo sí que la pasé mal.
- Estoy harta de limpiar.
- Este país no funciona.
- Trabajo mucho y gano poco.
- No me gusta mi pelo ondulado.
- Estoy gordo.
- Me duele el cuerpo por no hacer gimnasia.
- No aguanto más a mi suegra.

* Qué hice yo para merecer esto.
* Por qué me casé.
* ¿Tan malo soy que no consigo pareja?
* Mis vecinos me tienen harta.

En mi caso, por ejemplo, lo que me determinó a establecer un plan de 21 días para el cambio fue el hecho de advertir que la protesta por el exceso de responsabilidades, las actitudes de algunos proveedores o cuando se me frustraba un plan me hacía mal, se me habían hecho costumbre, y en vez de resolver aquello que me molestaba, protestaba y me sentía víctima.

Es crucial, entonces, observarnos detenidamente para detectar aquellas quejas que se han vuelto crónicas, para tomar conciencia y luchar contra ellas. En la medida que no nos hagamos cargo y no nos apropiemos del problema, el lamento y la protesta no se detendrán.

Sobre las palabras

Procura, siempre que puedas, guardar silencio, no hablar sino lo necesario, y aun esto con las menos palabras posibles. De no hablar sino cuando fuese preciso, raramente despegaríamos los labios. Pero, sobre todo, abstengámonos de las conversaciones triviales y comunes, (…). Y menos aún hemos de hablar de los hombres, ora para denigrarlos o ensalzarlos, ya para establecer comparaciones entre ellos. Siempre que puedas, procura que la conversación de tus amigos recaiga sobre asuntos razonables, decentes y dignos. De hallarse entre extraños, lo más prudente es el silencio.

EPICTETO

91

Encauzando nuestros hábitos

> **Un hábito es bueno cuando se practica con
> equilibrio y favorece el bienestar físico y emocional de
> la persona, pero se convierte en malo si condiciona
> negativamente el comportamiento del individuo.**

ANN GRAYBIEL (PSIQUIATRA)

Liberarnos de los malos hábitos está íntimamente relacionado con la voluntad, y ejercitar esta voluntad exitosamente significa reconfigurar nuestra mente.

El ser humano tiene que enfrentarse a diario con miles de variables, cada paso que da, aunque no se dé cuenta, lleva un proceso que es un desafío, hasta el hecho de respirar es todo un acontecimiento. Ante tal perspectiva, el cerebro ha tenido que desarrollar mecanismos que resuelvan «automáticamente» procesos que debe realizar de manera reiterada para aliviar su trabajo, pero sucede que le resultó tan bien esta automatización que empezó a aplicarla a todos los casos, y es allí donde comenzaron los problemas.

Entonces esa adaptación, que en principio parecía sumamente fascinante y práctica para resolver miles de cuestiones y a un mismo tiempo, también empezó a ocuparse de casi todas las circunstancias que se le presentaban, y el hombre se convirtió en un animal de hábitos.

Nos despertamos, comemos, estudiamos, conversamos, reímos, ejercitamos siempre del mismo modo, día tras día, porque el cerebro armó rutinas precisas y concisas para resolver cada una de nuestras actividades.

Ahora bien, cuando tomamos conciencia de que con esta forma de operar nos anotamos en rutinas perjudiciales, adictivas, es cuando surge el ánimo y la disposición al cambio. En el campo de la neurología, se entiende que modificar un hábito implica renovar patrones neurológicos.

Un fuerte deseo de cambio, claros objetivos, un plan de acción coherente y voluntad podrán hacernos modificar eso que tanto nos molesta.

Es fundamental destacar que cualquiera que sea la edad que tengamos, es posible que modifiquemos pensamientos, actitudes y hábitos. No solo los más jóvenes pueden lograrlo.

Para tal efecto debemos abrir nuestra mente, expandirla, hacernos más receptivos a todo lo que se presenta ante nuestra conciencia, evitar el apego a prejuicios y viejos conceptos y normas.

La autoobservación, el manejo de la atención y la fuerza de voluntad nos brindan la posibilidad de liberarnos de las conductas automáticas y las respuestas rutinarias. Son herramientas extraordinarias para dominar esos impulsos y pensamientos que en tantos aprietos nos colocan.

Ahora bien, el doctor Daniel Siegel agregará que para producir cambios internos deberemos sintonizarnos con nosotros mismos, pero de manera compasiva, no con una postura reprobatoria y despreciativa.

Esta experiencia de mirar hacia dentro, calmar nuestras tempestades internas, comprender cómo funcionamos y trabajar para mejorar nuestras respuestas con amor es el modo apropiado que cambiar la estructura mental y para, incluso, llegar a influir en ciertos aspectos de nuestro carácter innato.

> *Con solo comprometerte, la mente entra en ebullición;*
> *si lo empiezas, completarás el trabajo.*
>
> GOETHE

Actuemos hábilmente

> **"***Solo cuando la mente está libre de ideas y creencias puede actuar correctamente.***"**

JIDDU KRISHNAMURTI

*L*os budistas clasifican las acciones en buenas o malas, erróneas o correctas, o, mejor dicho, hábiles o inhábiles. Si actuamos de manera inhábil nos encaminamos hacia la infelicidad, si actuamos de forma hábil nos conducimos a la felicidad. Se trata del principio de causa y efecto.

La vida pensada de esta manera, no puede dar lugar a malas interpretaciones, es decir, si nos comportamos bien, ayudamos a nuestro prójimos, somos amorosos con nosotros mismos, accederemos a la alegría y plenitud; pero si obramos con malevolencia solo nos aguarda la tristeza y amargura.

Buda señaló diez acciones que son incorrectas porque solo son fuente de sufrimiento: el asesinato, el robo, la lujuria, la mentira, palabras maliciosas, lenguaje procaz, charla vana, envidia, mala voluntad y visión distorsionada de la naturaleza de la realidad.

Tenemos que ser observadores conscientes de nuestros comportamientos para alejarnos del sufrimiento, entre otras cosas. Eso es lo que nos dice Buda. La queja y la difamación caen dentro de lo que él consideraba parte de un modo equivocado de acción. Tengamos presente que nunca es tarde para cambiar hábitos, y dado que la felicidad depende profundamente de nuestras actitudes y acciones, este es el momento preciso para empezar a cambiar pensamientos y hechos erróneos. Si nos entrenamos para actuar correctamente en poco tiempo seremos testigos y actores principales de los cambios positivos en nosotros mismos y en quienes nos rodean.

"Más allá de las ideas de actuar bien y actuar mal se extiende un campo. Allí nos encontraremos."

RUMI

"Para vivir como un hombre verdadero, no se necesita ningún talento: Al asumir que se debe alejar todo sentimiento vulgar se entra en los rangos de los personajes eminentes. Para seguir los estudios no se necesita habilidad especial: Al alejar los sentimientos inservibles que lo preocupan, el hombre entra en los dominios de los sabios."

HONG YINMING

Pensemos antes de hablar

> *"Cuidado con los pensamientos: se convierten en palabras; cuidado con las palabras: se convierten en acciones; cuidado con las acciones: se convierten en hábitos; cuidado con los hábitos: se convierten en carácter; cuidado con el carácter: se convierte en destino."*
>
> FRANK OUTLAW

*H*ay que tener mucho cuidado al hablar... las palabras no pasan desapercibidas. El lenguaje es poderoso, a través de él organizamos nuestra realidad interna (emociones y sentimientos) y externa (el mundo en el que vivimos). Mis palabras y pensamientos son los que me definen y los que pueden liberarme o aprisionarme.

Cuando una persona se halla ante un problema y no sabe cómo solucionarlo o no tiene energía para resolverlo, despotrica. Justamente son las palabras las que ponen en evidencia esa impotencia o falta de voluntad. Es un modo muy efectivo de autolimitarse y restarse capacidad y poder.

Sirvan estos ejemplos la importancia de cuidar lo que decimos:

«No sirvo para ir a la universidad.» Con esta sencilla oración, estoy diciéndole a la gente que no tengo capacidad, que no tengo poder, y de paso me convenzo de ello, con lo cual, esta afirmación se vuelve realidad. Así dicho, parece una tontería, pero esta rutina cumplida todos los días, en diferentes situaciones, termina socavando la autoestima, la imagen y confianza.

«Pablo me hizo faltar a clase.» Aquí afirmamos que no poseemos voluntad, que lo que nos digan, lo hacemos y entonces somos vulnerables a la decisión de cualquiera.

«Ella no hizo lo que me prometió, lo correcto hubiera sido...». En este caso particular estoy exponiendo que me creo dueña de la verdad, que tengo reglas y ellas se deben cumplir. La pregunta, entonces, es ¿por qué a la gente debe interesarle mis normas?

«Yo hubiera hecho bien mi trabajo, pero me interrumpieron tantas veces...» Excusas, siempre excusas. Uno debe hacerse responsable tanto de los buenos como malos resultados. La excusa siempre pone en evidencia falta de poder, falta de voluntad y dedicación.

«Mi jefa es una #»##&&$, no me respeta». Otra queja que nos despoja de nuestra fortaleza interna. En primer lugar, decir palabrotas no es adecuado porque nos deja como personas ordinarias y de recursos lingüísticos pobres, en segundo término, no soluciona absolutamente nada la falta de respeto, haga lo que haga o sea como sea la persona a quien me refiero, finalmente, no se trata de «ella no me respeta», sino que «nosotros debemos respetarnos», ya que si esto sucede, difícilmente el otro pueda avasallarnos u ofendernos.

A manera de conclusión, podemos afirmar que un uso descuidado de las palabras, impide la buena comunicación, el diálogo productivo y alimenta confusiones, malos entendidos y produce detrimento en las relaciones interpersonales. La queja NO SOLUCIONA NADA, solo obstaculiza y promueve el malestar.

"Las intenciones condensadas en las palabras encierran un poder mágico."

DEEPAK CHOPRA

97

Un regalo para Buda

En cierta ocasión un hombre se acercó a Buda y comenzó a insultarlo. Trataba de agredirlo, pero Buda se mantenía imperturbable, en un estado de pleno silencio y serenidad. Cuando vio que no era posible molestarlo con su falta de respeto, se cansó y se marchó.

Un discípulo que se sintió indignado por los insultos de aquel hombre se aproximó a Buda para preguntarle por qué había tolerado semejante atropello.

Buda, entonces, respondió: «Si yo te doy un obsequio y tú no lo aceptas ¿de quién es el regalo?».

El discípulo contestó: «Si no lo acepto, sería tuyo».

Entonces Buda respondió: «Bueno. Al igual que un obsequio, un insulto puedes aceptar recibirlo o no. Si aceptas recibirlo será para ti, en cambio, si no lo recoges, quien te insulta se lo queda en sus manos.

»Así queda establecido que uno es el que elige sentirse insultado, agredido o enojado. El otro puede maltratarnos solo si nosotros le damos el poder para molestarnos».

Cortemos con las dudas e inseguridades

> **"***En caso de duda, hacerlo.***"**

OLIVER WENDELL HOLMES

Rosario deseaba que su vida fuera diferente, ya no podía continuar como estaba, sus achaques, tristeza y angustia no dejaban que tuviera una buena calidad de vida, pero cada vez que alguien (amigos, familia, compañeros de trabajo o terapeuta), le sugería algún cambio comenzaba con sus dudas y vueltas... debo sopesar bien qué debo modificar antes de dar un paso... hoy no puedo empezar con ningún plan de cambio porque no me siento bien, lo veré otro día... no sé, me da miedo... ¿a ti te parece que a esta edad yo puedo vivir de una forma diferente? ¡Ya soy grande para hacer otras cosas!... no estoy feliz así, pero ¿y si cambio y me va peor?

Lo cierto es que, mientras no hagamos más que preocuparnos por todo lo que puede salir mal, estaremos anulando la posibilidad de hallar soluciones a los problemas que tenemos.

Dice Vera Peiffer: «Para decirlo en pocas palabras: quien desea ser feliz y progresar en la vida simplemente no puede permitirse dudas e inseguridades. La duda es destructiva. Es mejor creer en uno mismo y en sus habilidades, aunque muchas de nuestras habilidades se estén aún por aprender».

No es válido perder tiempo con tantos temores, dudas y preocupaciones, y como las garantías no existen, más vale de una vez por todas zambullirse en la piscina sin pensar si el agua está fría o tibia; la cuestión es meterse en ella y comenzar a nadar.

El temor ante la incertidumbre y la inercia generan mal humor, negatividad y obstaculizan nuestra transición.

Si bien una cuota razonable de duda sirve para indagar respecto de la realidad y cuestionar algunos factores que no están bien en nuestro cotidiano, no es recomendable vivir permanentemente con duda, porque ya no se trata de un cuestionamiento sino de una traba hacia lo que nos puede realmente hacer bien y conducirnos a la felicidad.

> *La duda es conflicto entre dos conclusiones. Mientras existe es imposible aceptar una o otra, los que dudan carecen de serenidad.*

YORITOMO TASHI

La comunicación no violenta (CNV) según Marshall Rosenberg

> *La no violencia es la mayor fuerza a disposición de la humanidad. Es más efectiva que el arma de destrucción más efectiva que haya ingeniado el hombre.*

MAHATMA GANDHI

El psicólogo estadounidense Marshall Rosenberg a través de su método de CNV busca que los individuos se comuniquen con empatía, de manera efectiva. Pone especial atención a la importancia de manifestar claramente sentimientos, necesidades, sensaciones a los demás con respeto y evitando los juicios, prejuicios y evaluaciones en nuestro lenguaje.

Al comunicarnos debemos evitar que se filtre el miedo, la amenaza, el enojo, la culpa, la vergüenza o cualquier tipo de emoción negativa.

Cuando nos comunicamos de forma no violenta evitamos la queja, el lamento y la crítica.

El objetivo, entonces, de la comunicación no violenta no es cambiar la conducta de las personas para obtener de ellas lo que queremos sino construir relaciones honestas que propicien la voluntad de solidaridad y colaboración.

Escuchar desde la comprensión y la compasión

Cuando la persona o personas con las que estamos se expresan violentamente, a través de la crítica, malos modos o exigencias, M. Rosenberg insiste en la necesidad de escuchar con compasión y amor. Se trata de poner entre el emisor y el receptor un filtro. La función de este será que no se llegue a la hostilidad. Cuando empleamos esta forma compasiva de escuchar nos hallamos en posición de comprender «realmente» la necesidad del que habla.

Tal como decía Krishnamurti: «Cuando escuchamos a alguien, por completo, con atención, entonces no solo escuchamos las palabras, sino también los sentimientos de lo que está siendo transmitido».

> *Todo amor genuino es compasión, y todo amor que no sea compasión es egoísmo.*
>
> Arthur Schopenhauer

Un problema es una oportunidad

Ante un serio problema
no te paralices ni te pongas a llorar.
Serénate, tómalo con calma
y estimula tu capacidad creativa,
para comenzar a buscar una solución.
Una dificultad es la piedra de toque
para probarte a ti mismo
que tú eres un solucionador de problemas.
Asume una actitud mental positiva
y déjate impulsar por su dinamismo
con el fin de que hagas de tus problemas
peldaños de la escala
de tus logros positivos.
Que cada problema futuro despierte en ti
la energía del optimismo activo.

TIBERIO LÓPEZ FERNÁNDEZ

Erradiquemos los estados negativos de la mente

*B*uda afirmaba que cuatro eran las verdades acerca del **hombre: Insatisfacción** producida por la infelicidad que sentimos; **causa** es la razón de esa infelicidad (provocada por una mente indisciplinada e ignorante); el **fin** se refiere a la posibilidad de terminar con el sufrimiento (si controlamos nuestros impulsos); **senda** son los ocho pasos que debemos efectuar para lograr la felicidad.

Uno de los tantos motivos de la infelicidad es justamente el no controlar con habilidad nuestra mente. Dejamos que muchos de sus ineficaces razonamientos dirijan nuestras acciones. Por ejemplo: si una persona no responde como esperábamos (según nuestras creencias y parámetros) la criticamos. Muy pocos se toman el trabajo de ponerse en el lugar del otro para entenderlo. Esta falta de interés por generar empatía hace que nos frustremos lo que a la larga nos hace formar una visión pesimista de la gente y del mundo.

Muchos se quejan de la mañana a la noche de que el mundo está loco, que la gente ha perdido el respeto y la amabilidad o que se han perdido los códigos. A nadie se le ocurre preguntarse… ¿hay algo mal conmigo? ¿Acaso trato de acercarme al otro para conocerlo y entenderlo? NO. Más fácil es juzgar, sentarse en un sitio alto y señalar a los demás como los responsables de todos los problemas y desgracias. Este recurso aparentemente fabuloso porque la culpa recae siempre en el afuera, es una forma muy precisa para «mal educar» a nuestra mente, para seguir formando criterios erróneos, para mantenerla rebelde, indisciplinada y obviamente con poca capacidad de adaptación.

Una persona que se educa continuamente, aprende que la realidad es cambiante, que existen millones de variables, que el mundo no está obligado a funcionar según sus criterios y, cambia, se transforma y evoluciona.

La mente es caprichosa, siempre quiere vencer y tener razón. Nosotros debemos enseñarle a funcionar eficientemente, guiarla, corregirla, interrogarla cuando consideramos que se está estancando con algún problema. Así debe ser para adaptarnos coherentemente al mundo en el que vivimos. Criticar no es el camino, lo es el aceptarlo y adaptarnos a él.

Buda también afirmaba que para evolucionar hacia la Iluminación y la paz era necesario asumir por completo nuestra responsabilidad en cuanto a todo lo que ocurría en nuestra existencia. Aceptar ser responsable confiere una actitud de cambio. Cuando se le preguntaba a Buda cómo acceder a la felicidad, respondía, entre otras cosas, que por medio de la erradicación de todos los estados negativos de la mente. Cuando terminamos con la envidia, la ignorancia, las interpretaciones y el odio, comienza la felicidad.

Una persona me enseñó…

*H*ace tiempo atrás, tuve una pareja con la que cometí tantos errores que no podría incluirlos todos en esta página, por su parte, a él le pasó lo mismo. No hablo de infidelidades o traiciones porque ninguno de los dos tenemos esas formas. Cometemos errores, pero no nos gusta hacer daño a la gente. Sin embargo, día tras día, nos peleábamos, no apreciábamos nada del otro, nos criticábamos, no nos mimábamos… nuestra convivencia era un campo de batalla. A veces pensaba… ¿por qué estoy con este hombre, si solo me causa disgusto? Y seguía con mis peleas diarias. Después de la separación, llegué a pensar que «la vida era injusta conmigo» porque no había podido conseguir un compañero más afín. Un razonamiento de lo más inútil e ilógico, por cierto, ya que «la vida» no era responsable de mis elecciones sino yo. Sin embargo, con el tiempo llegué a comprender que él había entrado en mi vida por un motivo: para que yo comprendiera algo más grande e importante que una relación… se trataba de apreciar todo cuanto me rodeaba.

Antes y durante mi convivencia con Esteban no me daba cuenta de todo lo que había en mi vida: familia, amigos, buena salud, trabajo, educación… no me faltaba nada, pero no poseía capacidad para valorar todo esto. Después de la separación, tuve un período de bronca hacia mi ex que más tarde se convirtió en sensación de culpa. Me sentía culpable por no haber disfrutado esos momentos hermosos que tuve con él. No disfruté sus flores, sus abrazos, sus caricias, porque toda mi atención estaba puesta en sus aspectos negativos (como yo también los tenía, obviamente). Sin embargo, este darme cuenta de no haber valorado a tiempo todas esos hermosos detalles de él me hizo tomar conciencia que estaba haciendo lo mismo con mi existencia… estaba concentrada en lo negativo y no en lo positivo, y si no quería divorciarme de la felicidad debía apreciar lo que día a día estaba experimentando. Así lo hice, volví a recuperar mi relación maravillosa con la vida porque aprendí a focalizarme en las bellezas que esta me brindaba a diario.

Sé que es triste perder una pareja… Pero más triste es si no aprendemos de estas situaciones, si nos encerramos en «nuestra» verdad y seguimos adelante con las quejas.

Nada se produce porque sí. Cada cosa y situación tiene un propósito y este propósito es crecer, evolucionar para nosotros mismos y para los demás.

> *A veces nuestra propia luz se apaga, y se vuelve a encender por una chispa de otra persona. Todos tenemos algún motivo para estar profundamente agradecidos con aquellos que han vuelto a prender la llama dentro de nosotros.*

ALBERT SCHWEITZER

105

El amor es contrario a la queja

> *«Un pájaro viene y se posa en tu puerta, te canta una canción y no te pide un certificado o algo así. Ha cantado su canción y luego, muy contento se va volando, sin dejar huellas. Así es como el amor crece. Da y no esperes a ver cuánto puedes conseguir.»*

OSHO

¿Es el amor un arte? Se preguntaba Erich Fromm al momento de escribir el libro que lleva justamente como título la respuesta a esa pregunta. A este interrogante, inmediatamente respondía... es un arte que requiere conocimiento y esfuerzo. Y continuaba...: «Si deseamos aprender a amar debemos proceder en la misma forma en que lo haríamos si quisiéramos aprender cualquier otro arte, música, pintura, carpintería o el arte de la medicina o la ingeniería».

Es cierto; amar requiere voluntad, disposición, aprendizaje. Si bien es cierto que hay en nosotros un don natural de amar, también es necesario saber qué es y cómo funciona porque es común ver que se lo confunde con otros sentimientos.

A veces, confundimos el amor con la necesidad de tapar un vacío, el deseo de posesión o una necesidad sexual. De modo que llegar a una definición de él se hace de vital importancia.

El amor es una sensación hermosa, es un «poder activo en el hombre» que se traduce en: «unión a condición de preservar la propia integridad, la propia individualidad» como seguiría afirmando el propio Fromm. El amor no es dominación ni sumisión, no es retribución ni dolor, el amor es unión que derriba barreras y nos une con los demás, sin diferencias, sin odios, sin ideales, solo en un ambiente de cooperación y altruismo. Solo cuando amamos al dar recibimos, al ayudar nos ayudamos, no como transacción, sino porque el amor genera amor y, por lo tanto, cuando damos desinteresadamente sin esperar algo a cambio, nos iluminamos interiormente y recibimos amor sin que alguien nos los dé. El verdadero amor genera espontáneamente amor.

Ahora bien, si el amor es contrario al dolor y la amargura, estaría en posición de afirmar que sería un magnífico antídoto contra la queja y la crítica ¿no? ¿Qué les parece si en vez de tanta bronca e indignación empezamos a poner en práctica este noble sentimiento y correcta actitud ante la vida?

> *No he dejado de creer en el amor, ni mucho menos, pero la clase de amor en que creo no es el del tipo que admiraban los victorianos; es aventurero y siempre alerta, y aunque es consciente de lo bueno, eso no significa que ignore lo malo, ni pretende ser sagrado o santo.*
>
> BERTRAND RUSSELL

Las campanas doblan por ti

¿Quién no echa una mirada al sol cuando atardece?

¿Quién quita sus ojos del cometa cuando estalla?

¿Quién no presta oídos a una campana cuando por algún hecho tañe?

¿Quién puede desoír esa campana cuya música lo traslada fuera de este mundo?

Ningún hombre es una isla entera por sí mismo.

Cada hombre es una pieza del continente, una parte del todo.
Si el mar se lleva una porción de tierra,
toda Europa queda disminuida,
como si fuera un promontorio,
o la casa de uno de tus amigos, o la tuya propia.
Ninguna persona es una isla;
la muerte de cualquiera me afecta, porque me encuentro unido
a toda la humanidad;
por eso, nunca preguntes por quién doblan las campanas;
doblan por ti.

JOHN DONNE

Trabajemos sobre nuestra atención

« La realidad depende de qué es lo que elegimos observar y de cómo decidimos observarlo. Estas opciones a su vez dependen de nuestra mente o, para ser más exactos, del contenido de nuestros pensamientos. »

FRED ALAN WOLF

Cuando notamos cómo son los mecanismos y el impacto de la queja y la crítica realmente tomamos conciencia de que así no debemos continuar, porque estamos desplegando toda la atención sobre lo que no funciona en nuestro cotidiano, lo que no está bien, y restamos importancia a lo que sí opera correctamente y nos da felicidad.

Ya es hora de que pongamos nuestros ojos en todo lo magnifico que hicimos, en lo que hemos evolucionado y los logros que obtuvimos, por pequeños que parezcan. Cuando tomamos conocimiento de esto nos hacemos más poderosos, nos tenemos más confianza y sentimos seguridad con lo que realizaremos y enfrentaremos.

Crear nuevos hábitos no es cosa fácil, hay que volcar mucho de uno para concretarlo, pero si tenemos la mirada puesta en nuestros aspectos positivos será posible iniciar un proyecto de crecimiento y evolución.

Este aprendizaje deberá ser una actividad lúdica que nos haga divertir, recuperar el interés por la vida, que nos brinde más motivaciones, inquietudes y pasión por el presente y el futuro.

Todo camino representa un reto, pero si lo encaramos como un juego, no como un asunto de gravedad, mientras incorporemos sabiduría y experiencia lo pasaremos de maravilla.

Esfuerzo versus sacrificio

> *«Quien se esfuerza tiene metas que alcanzar, pero lo hace con equilibrio, sin olvidarse de sí mismo, recordando que tiene muchas áreas de la vida y que todas son importantes.»*

ANNIE MCKEE

*E*s muy común escuchar frases tales como «si quieres conseguir algo en la vida debes hacer sacrificios», «me sacrifiqué por ti», «me sacrifiqué por mis hijos», «tuve que sacrificar mucho en mi vida para poder comprarme este coche».

Ahora yo me pregunto... ¿es necesario sacrificarse o lo correcto es realizar un esfuerzo bien dirigido para llegar a los objetivos propuestos?

El sacrificarse implica que en aras de cumplir una meta dejamos de lado ciertas necesidades. El sacrificarse involucra la renuncia a muchas cosas en pos de un deseo, pero ¿es este el camino más sano? Pues no.

Lo que hagamos, sea lo que fuere, si no es con una dosis de amor y alegría, solo produce resultados indeseados. Cuando nos sacrificamos por... se siente presión, enojo y desgaste.

Es increíble que en pleno siglo XXI todavía exista una «cultura del sacrificio», en vez de una «cultura del esfuerzo coherente». Se ve a mucha gente a punto de desmayarse de cansancio para hacer horas extras y poder cambiar su vehículo, redecorar su casa, comprarse ropa nueva o hacer un viaje. Al final cuando obtienen lo que deseaban se hallan tan estresados que difícilmente será posible recuperar parte de la salud y energía invertida en esa abnegación exagerada.

En un barrio céntrico donde viví durante diez años, me hice amiga de una mujer que conocí en el mercado. Siempre se la veía cansada y era frecuente que hiciera algún comentario con respecto a algún dolor físico. Un día era la espalda, otro, el cuello. A pesar de ello, era una persona muy agradable. Lamentablemente, por su forma de vivir, tenía 54 años, pero parecía de 65. Su cara denotaba mucho agotamiento. Con el tiempo, llegamos a entablar una bella amistad. Leticia venía a casa o yo iba a la suya y pasábamos agradables tardes conversando. De a poco me fui interiorizando más de su vida. Un día, me comentó la historia del «sacrificio» que tuvo que hacer para adquirir el apartamento en el que estábamos tomando la merienda…aproximadamente 15 años atrás, cuando tenía 35, estaba obsesionada con la idea de ser propietaria, ya no quería alquilar más. De modo que solicitó un crédito para la adquisición de una vivienda. Pasó tiempos durísimos en donde debía privarse de cosas básicas. No podía comprarse ropa, salir con sus amigas o tomarse vacaciones porque si no, no podría cubrir la cuota del préstamo. Pasaba tantas horas trabajando para su futura propiedad que cuando tuvo el apartamento solo iba a dormir un par de horas porque debía seguir ganando dinero para responder a la entidad financiera que le había otorgado el préstamo. Para cuando terminó de abonar todo, estaba agotadísima, fastidiada con el apartamento porque no le brindó la felicidad que ella esperaba conseguir con él, y me confesó un profundo arrepentimiento porque se perdió vivir experiencias sumamente interesantes por estar exclusivamente abocada a pagar.

Esa experiencia fue un sacrificio, no un esfuerzo medido, controlado. Ya que resignó demasiado de su vida para correr detrás de un ideal que cuando lo alcanzó, tampoco la hizo feliz.

Es loable trabajar para que algunos de nuestros sueños se hagan realidad, pero deja de serlo si en ello perdemos la alegría, el bienestar y la felicidad.

El poder de la empatía

> **"***Camina una milla en los zapatos de otro hombre antes de criticarlo.***"**

PROVERBIO DE NATIVOS AMERICANOS

¿Acaso creyeron por un momento que dejar de quejarse era solo cerrar la boca o asentir? Malas noticias, a estas alturas ya se habrán dado cuenta que la protesta y la crítica son hábitos que se deben erradicar con ciertas herramientas en nuestras manos. Hablamos de cambio de actitud, de voluntad, de pensamientos positivos, entre otras cosas, y ahora un punto esencial es trabajar sobre la empatía.

Resulta que en una época donde se afirma tanto que somos seres sociales, lo que menos hacemos es ponernos en los zapatos del otro, no nos interesamos por comprender a quienes nos rodean y en su lugar protestamos contra ellos. La empatía, entonces, será otra habilidad importante a desarrollar. Diré, también, que no es propiedad exclusiva de ciertas personas el ponerse en lugar del otro sino que se trata de un aprendizaje que no tiene límites de edad.

Roman Krznaric, autor del libro *La empatía: manual para la revolución*, puntualiza lo siguiente:

Una persona empática posee una sana curiosidad y no es prejuiciosa.

Es vital no emitir juicios sino comprender y aceptar las particularidades de quienes nos rodean. Debemos ver a los otros no como seres diferentes sino como semejantes.

El ponerse en el lugar del otro produce respeto y comprensión.

La conversación es un buen modo para tender puentes entre las personas. El buen diálogo promueve la compresión sin falsas interpretaciones.

Tener presente que la empatía puede producirse tanto a nivel individual como a nivel grupal. A gran escala puede generar transformaciones sociales.

Se debe practicar la empatía con todos, sin discriminar, no importa la religión, color de piel o ideología política.

La tolerancia debe ser solo un estado transitorio que conduzca al respeto.

JOHANN WOLFGANG VON GOETHE

Verso 49 del Tao Te Ching

El hombre sabio no tiene una mente rígida;
    Es consciente de las necesidades de los demás.
A los buenos los trata con bondad.
A los malos también los trata con bondad
    porque la naturaleza de su ser es buena.
Es amable con los amables.
También es amable con quienes no lo son
    porque la naturaleza de su ser es amable.
Es fiel con los fieles.
    También es fiel con los infieles.
El sabio vive en armonía con todo lo que está bajo la capa del cielo.
Ve a todas las cosas como si fuera él mismo;
    ama a todos como a su propio hijo. (…).

Saliendo de la zona de confort

> *« El amor ahuyenta al miedo y, recíprocamente, el miedo ahuyenta al amor. Y no solo al amor el miedo expulsa; también a la inteligencia, la bondad, todo pensamiento de belleza y verdad, y solo queda la desesperación muda; y al final, el miedo llega a expulsar del hombre la humanidad misma. »*

ALDOUS HUXLEY

Decía Maslow que uno puede elegir entre refugiarse en lo seguro o avanzar y crecer. Pero el crecer debe ser elegido una y otra vez y el miedo debe ser superado una y otra vez.

En el ámbito de la psicología, la zona de confort es el espacio donde la persona se siente cómoda y a salvo, trátese de la empresa para la que trabaja, un grupo de amigos, ciertas rutinas cotidianas, pareja. Este ámbito que brinda una seguridad aparente define un espacio muy limitado y controlado y al mismo tiempo evita emprender actividades nuevas o acercarse a gente desconocida. Es una zona que se ha ido conquistando a fuerza de rutinas, y que por resultar tan familiar no genera miedos o ansiedades, las sorpresas no están incluidas y aunque las circunstancias no sean las mejores, como un jefe con mal carácter, una pareja poco cariñosa, al resultar conocido preferimos esa realidad a otra, ya que la zona de confort no presenta incertidumbre… es el «malo pero conocido».

Salir de esta zona requiere coraje, valor y determinación ya que se hace inevitable el encuentro con lo nuevo, lo imprevisto, tal vez, el éxito, pero también el fracaso. Fuera de la zona cualquier cosa puede suceder. Dentro de la zona también, pero insisto que es un ambiente más controlado lo que deriva inevitablemente en una falsa sensación de seguridad en la persona.

La buena nueva es que una vez que salimos de ese sitio, este pierde esa magia que tenía de la certidumbre, de lo previsible y aparece un nuevo mundo lleno de novedades.

Justamente, vivir implica aprender y el aprendizaje requiere salir al encuentro del mundo, no apartarse de él.

Autodominio y voluntad

> *"La maravilla de la vida se nos escapa por la cómoda trampa de la rutina."*

JOHN NIGRO

Como habrán podido observar, a lo largo del libro, he mencionado y destacado la palabra «voluntad». ¿Cuál es el motivo? Sucede que cualquier cambio que deseemos hacer, por pequeño que sea, requiere de esa fuerza interna superadora y renovadora.

Podría afirmar que el 90% de las personas anhelan modificar algún aspecto de su vida: conductas impropias, respuestas bruscas, aspectos de la personalidad que no hacen otra cosa que dar problemas y, entonces, el elemento clave para activar los cambios es esa potencia. No hay gurú, libro, chamán o medicamento que tenga más poder que la voluntad. Ejercer el autodominio es una práctica, diría que requiere una rutina apropiada y específica. A la voluntad es preciso fortalecerla y activarla, se necesitan nuestros sentidos alertas, ser fuertes y decididos, y aplicar mucha de nuestra energía para reeducarnos.

Hay quienes darían lo que fuera por poder levantarse con tiempo para ir a trabajar en vez de dejarse arrastrar por los encantos de esa cama mullida o por empezar esa dieta que siempre prometen empezar los lunes.

Hay quienes se hallarían más que satisfechos si pudieran cumplir siquiera el 20% de los compromisos que anotan en sus agendas.

Hay quienes estarían encantados de poder responder con serenidad ante un atropello verbal.

Hay quienes sentirían mucha felicidad si les fuera posible sostener una postura plácida ante situaciones que normalmente los sacan de quicio.

No obstante, la impulsividad y la inercia, por lo general, es la ganadora y parece no responder nunca a nuestros deseos.

De modo que la forma de empezar es esforzándonos para lograr los objetivos que deseamos, cueste lo que cueste. Es vital tener disciplina y no dejarse llevar por emociones avasalladoras. Quizá lo mejor es dejar pasar el momento de la tormenta, pensar con la cabeza bien fría y luego actuar. Con el tiempo, este ejercicio se va interiorizando hasta que se convierte en un nuevo hábito… el hábito de no dejarnos llevar por el torbellino de nuestros pensamientos y sentimientos sueltos. No olvidemos que nuestras contestaciones y actitudes no caen en saco roto, sino que detrás de cada acción nuestra hay uno o varios receptores, y en muchas ocasiones es fácil hacer daño, pero difícil solucionarlo. Las palabras guías son entonces: disciplina y voluntad.

Acabemos con el descontento

> *«El placer es un bien. Es el comienzo de toda preferencia y de toda aversión. Es la ausencia del dolor en el cuerpo y de inquietud en el alma.»*

Epicuro

*E*s hora de acabar con un mito… nuestra felicidad no depende de las condiciones en que vivimos, depende de la manera en que percibimos el afuera, del modo en que escogemos vivir. La felicidad no depende de si ganamos la lotería, nos compramos una casa o conseguimos un novio o novia, eso solo puede colaborar para aumentar nuestra felicidad pero no la determina. Lo que nos hace felices es nuestra interpretación de la realidad, lo que hay en nuestro interior y hacia dónde decidimos desplazar nuestra atención.

Podemos elegir si pondremos o no atención en un problema o en otro, si le dedicaré veinte minutos o días enteros, si lo veo como un tema por resolver o un drama que arruina nuestra vida.

Desde la mañana a la noche, tomamos decisiones, evaluamos y catalogamos. Seleccionamos en dónde concentrar nuestra energía y durante cuánto tiempo.

¿Qué sucede cuando no realizamos esto de forma eficaz y coherente? Todo nos resulta trabajoso, problemático, terrible y con pocas posibilidades de resolver.

Si escogemos actuar con serenidad, respeto por el otro, consideración, apertura mental, buena disposición y actitud correcta ante los cambios que se producen a nuestro alrededor, difícilmente seremos infelices. La alegría y el bienestar dependen en primera instancia de nuestro ser interno, de la capacidad para adaptarnos al entorno, de una visión optimista del futuro.

Para cada paso que damos debemos prestar atención porque de ello depende nuestra propia seguridad y calidad de vida, por lo cual, hay que focalizarnos correctamente. Si solo nos focalizamos en desgracias, contradicciones, hechos negativos, nos sentiremos agobiados, desesperanzados y tristes.

La felicidad comienza cuando no intentamos interpretar la postura del otro, sino que la aceptamos entendiendo que ese otro tiene particularidades y las respetamos, **cuando** aprendemos a enfocar la mirada, es decir, dejamos de concentrarnos en los aspectos negativos y vemos lo positivo que se halla en nosotros y a nuestro alrededor y **cuando** repartimos correctamente nuestra energía entre los problemas que se nos presentan y el disfrute de la vida.

Podemos quejarnos tanto como se nos antoje, podemos creer que la protesta puede mejorar algunas experiencias que estamos atravesando, pero lo cierto es que no es así. Como dice Christine Lewicki: «No hace falta esperar que se genere un cambio de situación, puesto que finalmente esa felicidad procede de la manera en que vemos las pequeñas cosas del día a día».

Pensemos bien y nos sentiremos mejor

"Es fácil ver antes lo malo que lo bueno. Pero recordemos que pensar negativamente disminuye la confianza en nosotros mismos y empeora las situaciones difíciles."

SYLVIA FRIEDMAN

*N*os dice Bhante Henepola Gunaratana que no es un misterio que el pensamiento puede hacernos felices o miserables; las fantasías, temores y otros tipos de pensamientos negativos y obsesivos nos suelen ocasionar grandes problemas, en tanto que los positivos nos brindan paz. Lamentablemente, la mayor parte del tiempo estamos enganchados en rutinas de pensamientos perjudiciales que no hacen más que concentrarnos en problemas y líos. Nos alejan completamente del sentimiento de bienestar.

Sin embargo, con un **esfuerzo bien dirigido y orientado a** la atención de todo aquello maravilloso que nos rodea, a «soltar», es decir, a desprendernos de nuestros apegos egoístas (pensamientos, pasiones, creencias, personas, objetos) y a generar pensamientos positivos podemos llegar a un estado de felicidad.

No todos son felices de manera espontánea, para muchos la vida es una pesada carga que se debe arrastrar (esto puede ser producto de ciertas experiencias del pasado o debido a la influencia de la herencia genética), de modo que se les hace imprescindible poner voluntad para cambiar la manera en que piensan y actúan. Cuando creamos el hábito del buen pensar, de a poco la negatividad va dejando espacio para lo positivo, creativo y grato.

Los pensamientos perniciosos nos llenan de sombras, colocan un rictus facial de tristeza y descontento en nuestros rostros, la piel se nos torna cenicienta, el alma se corroe. La dicha, el pensar bien y la felicidad nos brinda un aspecto lozano, de gozo y júbilo. Todo nuestro cuerpo desborda pasión por la vida y amor.

> *«Los pensamientos inútiles nos alejan de los objetivos de nuestra vida, nos confunden, nos enojan. Estos se originan por emociones y conductas perjudiciales. Haz que tu cabeza trabaje a favor tuyo y poco a poco adquirirás la costumbre de no molestarte cuando las cosas vayan mal.»*

Wayne W. Dyer

El sufrimiento tiene sus raíces en el tiempo

"El hábito de mirar el futuro y pensar que todo el sentido del presente está en lo que vendrá después es un hábito pernicioso. El conjunto no puede tener valor a menos que tengan valor las partes."

BERTRAND RUSSELL

«La negatividad y el sufrimiento tienen sus raíces en el tiempo.» Este título que extraje del libro *El poder del ahora,* del escritor canadiense de origen alemán, Eckhart Tolle, tiene un profundo significado. Me impactó cómo, con tan pocas palabras, pudo resumir uno de los orígenes de la congoja y el desconsuelo.

Tolle nos dice con mucha lucidez que para lograr una transformación real es necesario «volverse suficientemente presente como para disolver el pasado» y entrar así en el poder del ahora.

Nuestra mente, cuando se halla atiborrada de pasado, experimentará una y otra vez lo mismo. No descansa, reproduce todo igual. No deja lugar para lo nuevo.

Por ejemplo, podríamos hacernos millonarios, ganar unas vacaciones con todo pagado en un sitio exótico o recibir una impresionante bonificación en nuestro trabajo, pero si seguimos con los mismos patrones mentales actuaremos y nos sentiremos de la misma manera que antes, aun rodeados de lujo.

Por este motivo si no nos desembarazamos del pasado y vivimos instalados en el presente difícilmente podamos escaparnos de los hábitos y emociones que nos esclavizan.

Tollenos dice: «El único lugar donde puede ocurrir un verdadero cambio y donde puede ser disuelto el pasado es en el Ahora».

La amargura, la tristeza, la bronca, la indignación, la queja y la crítica es por la acumulación de pasado y la consecuente negación del presente. La ansiedad, la intranquilidad y la impaciencia son causadas por un exceso de preocupación en el futuro. Otro error evidente por no vivir en el presente.

De modo que toda la negatividad que existe en nosotros es debida al salto entre el pasado y el futuro y no reparar y experimentar en el instante mismo en el que vivimos. Cuando logremos ubicarnos plena y conscientemente en el presente podremos implementar los cambios necesarios para modificar aquellas actitudes y comportamientos que tan indeseables y perniciosos nos resultan.

Método «de liberación» Sedona

*E*sta técnica, denominada así por su inventor Lester Levenson, nació a partir del resultado de una evaluación médica en la que le habían confirmado una enfermedad terminal y muy poco tiempo de vida.

Ante semejante perspectiva Levenson quiso deshacerse de todos sus sentimientos negativos que arrastraba como lastre, pero de una manera completamente práctica y metódica.

Después de algunos meses de cumplir de manera ininterrumpida su técnica, Lester recobró su salud y vivió durante muchos años más.

Lester había logrado liberarse de su pasado, de sus pensamientos negativos y juicios, y ello le abrió un nuevo mundo y una segunda oportunidad en la vida.

Como sabrán, la Ley de La Atracción afirma que lo que pensamos y sentimos es lo que atraemos hacia nosotros. Por lo cual, si pensamos mal, si nos lamentamos o poseemos emociones de baja energía atraeremos más de ello.

El método Sedona justamente sirve para aprender a liberarnos de manera fácil y rápida de nuestras emociones turbulentas y dañinas.

Consiste básicamente en cinco pasos para «soltar»:

Pensar en cualquier hábito que deseemos abandonar.

Analizar si es posible «soltar» o deshacernos de ese hábito. Ver las posibilidades de manera real. **Pregunta clave: ¿Puedo soltar lo que siento?**

Preguntarnos si realmente queremos soltar aquello que anotamos en el punto a. Es decir, si realmente estamos dispuestos a liberarnos del problema. **Pregunta clave: ¿Quiero soltar lo que siento?**

Establecer cuándo queremos comenzar con este plan. **Pregunta clave: ¿Cuándo?**

Se deben repetir los cuatro pasos anteriores hasta cambiar el patrón deseado. Tal como nos recuerda Levenson, las preguntas son deliberadamente simples para que no surjan equívocos en cuanto a su contestación, y a medida que las formulemos, las respondamos y trabajemos en ellas, los problemas planteados irán desapareciendo. Esto, a la corta y a la larga, redundará en beneficios para nuestra salud física y psíquica.

Basta de dramatizar

*L*a palabra «dramatizar» se emplea para describir una actitud o reacción desmesurada, generalmente como parte de una queja o reproche. Se trata de una manera de sobredimensionar un problema y agravar una situación.

Es cierto que en muchas ocasiones se nos presentan desafíos y problemas a los que debemos hacer frente y resolver. La vida tiene sus complejidades y es necesario estar preparados para ello. Si tenemos una actitud serena y sabia, por lo general, hallaremos una rápida solución, pero si en lugar de esto vociferamos, nos angustiamos, nos indignamos y, obviamente, protestamos, entonces estamos magnificando la situación. Una actitud sana consiste en evaluar correctamente un asunto y hallar propuestas para resolverlo, una actitud incorrecta es elevar todo a nivel de tragedia y depositar la responsabilidad en los demás para evadirse.

Ahora bien, teniendo en cuenta que las posibilidades de evaluación son muchas, ¿por qué, en vez de ponerle a algo la etiqueta de terrible no le ponemos la de «complejo pero solucionable»?

Ver las cosas desde una perspectiva sin tragedias nos brinda la capacidad para tomar decisiones certeras, pensar fríamente y con coherencia. Cuando decimos que algo es terrible nos colocamos en una situación bastante difícil: porque solucionar una tragedia es mucho más complicado que resolver algo que sencillamente parece malo; nos resta poder, nos hace ser víctimas.

Justamente, cuanto más vulnerables emocionalmente somos, más tendemos a ubicar cada experiencia en rangos como terrible, insoportable o imposible. La explicación es sencilla… la inseguridad emocional produce una sensación de nerviosismo, malestar y poca valía. Cuando somos inseguros lo que menos surge es la confianza en uno mismo, y en su lugar, aparece el temor y la crítica.

En la medida en que recobremos la confianza en nosotros mismos y que aceptemos que hay que amigarse con los errores y desaciertos, veremos que nos será posible evaluar de una manera más amigable y acertada.

Las personas mentalmente fuertes tienen mucho cuidado de no dramatizar jamás sobre las posibilidades negativas de su vida y ahí está la fuente de su fortaleza. Están convencidas de que la mayor parte de las adversidades no son ni muy malas ni muy terribles. Ese convencimiento profundo es lo que las mantiene en calma: ese es su secreto.

RAFAEL SANTANDREU

Oportunidades de bienestar

Si te enfrentas a una seria dificultad,
serénate y estudia con tranquilidad
los factores que enredan la situación.
Pensando con detención en los hechos,
y analizándolos, puedes lograr
una visión objetiva del problema
y descubrir pistas para su solución.
Eres una persona
dotada de inteligencia
y puedes analizar a profundidad
las circunstancias adversas
para convertirlas
en oportunidades de bienestar.
No aceptes declararte derrotado
antes de enfrentar tus problemas.

TIBERIO LÓPEZ FERNÁNDEZ

No podemos controlarlo todo

Seguro que muchos creen que podrían tener «todo bajo control» si realizaran un esfuerzo bien dirigido y pensado, sin embargo, tal concepto no existe, solo vive en nuestra imaginación.

Es grato para algunos proyectar una vida sin sustos, sin sobresaltos, donde todos los factores se hallan en condiciones controladas, con etiquetas y perfectamente ubicadas, pero lo cierto es que la vida es una sucesión de variables descontroladas que se suceden unas tras otras y para las cuales debemos estar lo mejor preparados que se pueda.

Planificar, ser precavidos, es una manera de actuar responsable y positiva, en tanto y en cuanto no se convierta en obsesión.

De modo que es importante repasar si somos tolerantes a los errores propios y ajenos, cómo nos sentimos ante los imprevistos, si poseemos capacidad para disfrutar tanto de los procesos como los resultados en sí, si estamos abiertos a nuevas oportunidades y vivencias que se nos puedan presentar, si la preocupación y la angustia no interfieren en el desarrollo normal de nuestra vida, si el temor a los contratiempos nos hace vivir de manera muy estructurada, si la ansiedad no nos hace tomar decisiones equivocadas.

El psicólogo estadounidense David C. Geary explica que la motivación por el control es «una motivación básica para lograr cierto grado de control sobre las relaciones, los sucesos y los recursos significativos». Geary nos dice que esta motivación por el control llevaría a una especie de fantasía, «una simulación mental centrada en el yo de un mundo perfecto», en el cual «el individuo es capaz de organizar y controlar los recursos sociales, biológicos y físicos».

Ahora bien, si tomamos conciencia de que «el tener todo bajo control» es solo una utopía, ¿qué actitud debemos asumir?

Estas son las opciones que se nos presentan: en vez de concentrar nuestra energía en cómo deberían ser las cosas, mejor destinarla a adaptarnos a la realidad. Cuando llegamos a un grado de lucidez tal en el que nos demos cuenta que es una tontería querer manejar las respuestas y reacciones de las personas, la queja tenderá a desaparecer. Debemos enfocarnos en lo que sí podemos operar en vez de lo que escapa a nuestro poder. Lo que tengamos que hacer debemos realizarlo con nuestra mejor disposición sin maltratarnos o maltratar a los demás, aunque no salgan perfectas. Finalmente, es imprescindible educar nuestra mente, no debemos permitirle que piense todo lo que desea; cuando surge un pensamiento del tipo «esto debería ser así», es importante cuestionarla, y recordarle que nada en este mundo tiene la obligación de ser y actuar como nosotros deseamos.

Secreto 1 para cortar las quejas: el aprecio

> *«Casi todas las cosas buenas que suceden en el mundo, nacen de una actitud de aprecio por los demás.»*
>
> DALAI LAMA

Tu vida puede ser dichosa o desgraciada, según cómo y qué observes. Si te focalizas en aquellas cosas negativas que ocurren en tu vida, obviamente serás una persona que sufrirá, pero si posees la capacidad de ver también lo bello y apreciarlo, tu existencia será plena y feliz. Me encanta citar el aforismo de Rabindranath Tagore que dice: «Si de noche lloras porque se ha ido el sol, tampoco podrás ver las estrellas». Con él, el poeta indio nos habla del problema que tiene el ser humano con la insatisfacción.

La mente siempre está urdiendo, confabulando, protestando, pero cuando se logra detener ese parloteo constante (quejas, negatividades, broncas) y se comienza a contemplar lo que nos rodea, lo que somos, lo que poseemos, comienza una nueva comprensión y valoración. Le decimos a nuestra mente… presta atención a otras cosas. El mundo está lleno de hechos, vivencias, objetos y circunstancias, no te detengas solo en un aspecto de la vida. La existencia es multifacética, explora todos sus lados y aprécialos, estúdialos y ámalos.

¿Puedes correr? Valóralo. ¿Puedes ver? Valóralo ¿Puedes oír? Valóralo ¿Puedes sentirle el gusto a la comida? Valóralo ¿Tienes familia? Valóralo ¿Tienes amistades? Valóralas ¿Te encontraste con una persona desagradable? Valóralo porque se trata de un aprendizaje, para que tú no te comportes del mismo modo. ¿Te duele algo? Igualmente valóralo. Mi hermano siempre dice: si me duele es porque estoy vivo. ¡Interesante modo de ver las cosas!

De eso se trata el aprecio, de ver lo bueno de lo bueno y lo bueno de lo malo, de ampliar la visión en vez de limitarla, de agradecer el hecho de experimentar situaciones agradables y no tan agradables porque cada evento nos enseña algo y nos hace crecer.

> *« No hay nada más honorable que un corazón agradecido. »*
>
> Séneca

La importancia de la autovaloración para generar cambios positivos

> *«Cuando examinas tu mente con detenimiento, descubrirás que nadie en todo el Universo es más importante para ti que tú mismo.»*

BHANTE HENEPOLA GUNARATANA

*N*o piensen que trato de promover el egoísmo… nada más lejos de mis intenciones. En realidad, lo que quiero dar a entender es que antes de disponerte a cualquier cambio, primero debes aprender a amarte y a aceptarte a ti mismo, sin peros, sin condiciones. Amor puro e incondicional. Porque no hay manera de hacer bien al prójimo si antes no sentimos amor por nosotros. Buda decía: «Al investigar el mundo entero con mi mente nunca encontré a nadie más querido que a mí mismo. Y por ser así, aquel que se ama a sí mismo nunca dañara a otro».

Esta cuestión plantea toda una revolución: no, el egoísmo; no, el sacrificio; sí, el amor propio para poder amar y ayudar a los demás. Esto nos lleva a reflexionar lo siguiente: cuando estamos frente a una persona agresiva, hiriente, avasalladora, será menester recordar la premisa acerca del amor. Aquel que agrede, aquel que lastima es porque no se ama, y al no amarse no tiene capacidad para amar y entender a otros.

A veces, las cuestiones fundamentales de la vida, enunciadas de manera tan sencilla pueden sonar a perogrullada; no obstante, es bueno reflexionar sobre ellas de modo simple e insistente. A fuerza de decirlo, quizá alguna vez se nos quede grabado. Insisto…

amarse para amar, quererse para querer, perdonarnos para perdonar. Eso es justamente lo que nos liberará de la esclavitud de la queja.

> *Solo si me siento valioso por ser como soy, puedo aceptarme, puedo ser auténtico, puedo ser verdadero.*
>
> JORGE BUCAY

Secreto 2 para cortar la queja y el sufrimiento

> *Si quieres que otros sean felices, practica la compasión. Si quieres ser feliz tú, practica la compasión.*
>
> DALAI LAMA

¡Qué fácil es criticar o quejarse de algo o de alguien! Pero esa facilidad trae siempre consecuencias negativas tarde o temprano.

La compasión es una de las tantas formas de cortar con la queja y la crítica. Para ponerla en práctica es fundamental reflexionar acerca del sufrimiento propio y ajeno y conectar ambas experiencias. De este modo, al sentir el dolor en nosotros será fácil entender lo que le sucede al otro y ser más contemplativo y comprensivo antes de proferir juicios acerca de una persona. Ante todo debemos sentir compasión por nosotros mismos, esto no debe ser entendido como egoísmo, sino como un principio de verdad… no puedo tener compasión por alguien si soy implacable conmigo. Cuando sentimos compasión hacia otros desde una profunda compasión por nosotros, esto producirá un efecto positivo, no sucederá lo mismo si proviene desde un sentimiento de orgullo o superioridad. Es válido aclarar que jamás debemos olvidar que TODOS SOMOS UNO, de modo que los sentimientos que tengo hacia mí, serán los mismos hacia los demás.

Oración budista de la gran compasión

Que todos los seres sean felices, contentos e íntegros
Que todos los seres puedan ser sanados por completo
Que todos los seres puedan tener lo que quieran y necesiten
Que todos los seres puedan estar protegidos contra daños y libres
 de temor
Que todos los seres puedan disfrutar de paz y tranquilidad interior
Que todos puedan despertarse, liberarse y ser libres
Que haya paz en el mundo y en el universo
Que todos los seres sean felices, dichosos y estén en paz.

"Ten compasión por todos los seres, ricos y pobres; cada uno tiene su sufrimiento, unos sufren mucho, otros muy poco."

BUDA

Aprendamos a comunicarnos correctamente

> *«Para comunicarse de manera efectiva, debemos darnos cuenta que todos somos diferentes en la forma en que percibimos el mundo y usar este conocimiento como guía para nuestra comunicación con los demás.»*

ANTHONY ROBBINS

onversar es un modo de comunicarse con la gente, de transmitir sensaciones, sentimientos, de narrar hechos. Conversar es interactuar, integrarse al mundo a través del habla.

Cuando hablamos no solo nos interesa narrar algo sino también producir un efecto en el oyente, esto, principalmente, se observa en la queja y la crítica. Cualquiera de las dos tiene como objetivo lograr que el oyente aporte algo, reaccione de alguna manera, especialmente solidarizándose con el problema planteado.

Cuando nos quejamos, manifestamos un estado no placentero, algo que nos está molestando, y recurrimos a la comprensión del receptor, porque creemos (ilógicamente) que si esto que nos pasa le pasa a muchos y les produce las mismas reacciones, entonces está todo bien, es parte de la «normalidad», no es nuestra culpa, la culpa se halla en el afuera y nosotros solo somos pobres víctimas de las circunstancias, manera por cierto muy conveniente para desligarnos de las responsabilidades.

Es como que tenemos una necesidad imperiosa de que nos legitimen lo que nos sucede, lo que sentimos, para no sentirnos solos, locos, incomprendidos o lo peor… causantes de lo que acontece. Si bien puede parecernos que la protesta nos acerca a la gente, en realidad, nos aparta, porque el rezongar solo ocasiona, quizá, una complicidad o lástima momentánea, pero de ninguna forma produce lazos duraderos y afectivos. Nada que se base en lo negativo puede prosperar hacia algo positivo. Una charla positiva, movilizadora y efectiva promueve la camaradería y relaciones más firmes.

Mejorar tus habilidades comunicativas tiene un impacto positivo tanto en lo profesional como en lo personal.

A ver quién es más quejica: ¿tú o yo?

«¡*Y*a no lo aguanto!, ¡estoy a punto de explotar! —le dice Marta a su marido—. En el trabajo me tratan mal, me gritan, mi jefe es irrespetuoso y no creo soportar mucho más en estas condiciones.»

«¿¡Y tú te quejas!? —le responde él—. Mírame a mí que, encima de recibir malos tratos, cobro menos que tú y trabajo más horas.»

¿Nunca estuvieron en una competición de personas que se quejan constantemente? Es fantástica, pareciera que la miseria no tiene fin y, además, se establece una lucha encarnizada por demostrar quién es el más desgraciado de todos. Puede ser algo interesante de presenciar porque contra toda lógica, en vez de ver quién es el más feliz o al que mejor le va, se trata de demostrar denodadamente quién es el que está peor. Si uno dice que tiene una gripe, el otro lo tapa inmediatamente contándole que es una tontería porque él pasó por una neumonía. Si una perdió dinero, la otra una joya que no tiene precio. Si a uno se le rompió la bicicleta, a otro, un automóvil.

Recuerdo una frase que decía que la inteligencia tiene límites, pero la estupidez, no; y el intentar demostrar quién es más desdichado es una de las formas más eficaces de hacer notar la tontería.

A lo largo de mi vida pude comprobar que, efectivamente, hay personas que sienten una atracción morbosa por la infelicidad, les gusta regocijarse en la desgracia y hacen todo lo posible para sobresalir en ese terreno. Nunca tienen un problemita, todo en su vida es una tragedia y nadie puede ganarles en dolor y angustia.

Pues bien mi sugerencia es que si se encuentran con alguien así corran lejos, y si ustedes mismos son así corran… a hacer terapia o a hacer su propio programa para cambiar de hábito porque no es una manera digna y placentera de vivir.

Atención, padres: diferencia entre quejas y límites

Este punto me interesa aclararlo porque muchos padres pueden entender que no quejarse implica perdonar cualquier cosa a los hijos, soportar cualquier despotismo infantil estoicamente y esto no es así de ninguna manera.

Quejarse y poner límites es como establecer una relación entre una pared y un automóvil, no la tienen. La queja es protestar sin buscar soluciones y poner límites es enseñar a los niños qué pueden hacer y qué no, ya sea por respeto o por sujeción a ciertas normas sociales, escolares o familiares.

La disciplina es prioritaria en la educación de los pequeños, mas no la queja, los arranques de enojo, los improperios.

Comprendan que es posible hacerles entender a los niños que algo está mal o que se están comportando equivocadamente sin protestar, ya que la firmeza, la buena enseñanza es lo que debe mostrarles el camino durante su crecimiento.

Por otro lado, será importante no depositar nuestras expectativas en ellos: cuando sea grande será arquitecta como su madre, cuando termine el colegio seguirá la universidad para hacer la carrera de medicina como su padre. Porque al depositar nuestras fantasías en ellos, es muy posible la decepción y frustración lo que inevitablemente lleva a la queja.

Aprendamos a enseñarles con amor y disciplina y aceptémoslos tal y como son, con sus particularidades, este es el modo de tener una magnífica relación con ellos.

> *"La ruta delineada, demarcada, es un orden. El lazo, la relación, la más profunda, es un ordenamiento recíproco. (…). Nos vamos armando en nuestras propias e íntimas y privadas rutinas, es decir, códigos rituales, para poder expresar justamente eso que es invisible a los ojos. De la misma manera, la ruta no ha de ser ruta a menos que esté demarcada con rayas visibles a los costados, con señales, con carteles indicadores. Todo ello te orienta, no te fuerza. Da lugar a la libertad. Luego eliges el objetivo, el camino dentro de la ruta, la velocidad, la música, el silencio. Ni sabes qué elegirás, con precisión. Tienes una idea, una vaga idea, pero no puedes prever las ocurrencias, eso que le sale a uno al encuentro y lo desvía de la idea primigenia. Es la aventura. Esta es la realidad: aventura y orden, orden y aventura, que decía el poeta Apollinaire. La aventura es lo creativo, lo impredecible, pero el orden la sostiene."*

JAIME BARYLKO

Secreto 3 para dejar de refunfuñar: hablar claramente

Otra manera para dejar de refunfuñar es expresar claramente lo que se desea o se necesita.

Recuerdo –decía Lucrecia- que desde hace dos años, venía teniendo peleas constantes con mi marido. Había una tensión impresionante en el aire. Yo iba a la cocina y refunfuñaba, en el dormitorio refunfuñaba, en el baño y en el resto de los ambientes, también. Había generado al cabo de un tiempo una atmósfera negativa muy pesada y, de paso, había logrado que mi marido adoptara un estupendo papel de víctima. Eso me enfurecía todavía más.

En nuestras peleas, con la euforia y enojo del momento, elevaba la voz, hacía comentarios soeces, expresaba disgusto y al final ni él entendía qué me pasaba ni yo no lograba expresarme correctamente.

Finalmente, un día en que me hallaba serena, le pedí hablar sobre esta situación que tanto me perturbaba… el problema era que yo me sentía sobrecargada de obligaciones domésticas y me enojaba que él no participara en ellas. Entre las horas que destinaba a mi trabajo y las tareas hogareñas, disponía de muy poco tiempo para mi propio esparcimiento.

Recuerdo haberlo dicho tranquila, claramente y con lujo de detalles.

Bajo estas condiciones, logró comprender perfectamente dónde se hallaba el conflicto, ya que él había llegado a la conclusión, con mis mensajes confusos, que en realidad yo ya no lo quería y estaba siendo hostil para alejarlo. De modo que en vez de acercarse, cada vez se alejaba más de mí y yo me convencía que lo hacía para evadirse de las responsabilidades… ¿se dan cuenta cuánto puede perjudicar una mala comunicación en una relación?

Cuando supo el porqué de mi actitud, mostró felicidad y me dijo... si hubiera sabido que era eso, hace tiempo te hubiera pedido compartir las responsabilidades en el hogar. Y a partir de ese día repartimos las actividades de otra manera y ambos aprendimos el valor de una buena comunicación. La buena comunicación es una excelente herramienta para cortar con los malos entendidos.

Secreto 4 para dejar de refunfuñar: el agradecimiento

« La gratitud es en realidad como una palanca de cambios, que puede hacer pasar el mecanismo mental de la obsesión a la paz, del bloqueo a la creatividad, del miedo al amor. »

JOAN BORYSENKO

Dice Louise L. Hay en su libro *Gratitud*: «La falta de gratitud y las quejas producen poco de qué regocijarse. A los quejicas siempre les parece que hay pocas cosas buenas en su vida, y no disfrutan lo que tienen. El Universo siempre nos da lo que creemos merecer. A muchos nos educaron para fijarnos en lo que no tenemos y sentir solo carencia. Partimos de una creencia en la escasez y luego nos preguntamos por qué está tan vacía nuestra vida».

Está claro, pues, que cuando se cae en una espiral de desvalorización, desprecio y crítica, todo pierde encanto y alegría. El resentimiento bloquea la posibilidad de ver todo lo bueno y agradable que nos rodea o sucede. Todo se torna oscuro, sospechoso, triste.

Una de las formas de contrarrestar el poder de esta actitud «antifelicidad» es tener más amor hacia uno mismo y gratitud. Cuando se recupera la conciencia del valor de las pequeñas y grandes cosas, nos llenamos de vida, vitalidad, energía, ilusión y grandes esperanzas. Diariamente debemos agradecer el hecho de estar vivos, poder contemplar un amanecer, tener la posibilidad de sustentarnos y tener cerca a nuestros seres más amados.

> *Siendo niños éramos agradecidos con los que nos llenaban los calcetines por Navidad. ¿Por qué no agradecíamos a Dios que llenara nuestros calcetines con nuestros pies.*

GILBERT KEITH CHESTERTON

Pequeña oración de agradecimiento del pastor Frank Richelieu

Agradezco la perfecta salud y los abundantes bienes que están de camino hacia mí a través de las vías que he abierto en mi vida para que pueda pasar por ellas el flujo divino. Agradezco toda la alegría que surge en mi conciencia. Agradezco la abundante salud que ahora es mía. Agradezco la oportunidad de saber más y de ser cada vez más consciente.

El sentido del humor

« Me reiré de mí mismo, porque el hombre es lo más cómico cuando se toma demasiado en serio. »

OG MANDINO

El humor es una herramienta de gran eficacia porque promueve la tolerancia, el buen talante y produce grandes cantidades de energía positiva y renovadora.

Gracias al humor, muchas situaciones, aparentemente complicadas, pueden verse de otro modo, con otra perspectiva, con lo cual, pierden ese aspecto de terribles y adquieren una nueva apariencia, más jovial, tranquila y hasta divertida.

Es una forma de revelar lo tonto o absurdo de lo que consideramos serio. Se trata de una bella forma de enfrentar los avatares de la vida, sin temor, con poder, con confianza en nosotros mismos y sobre todo con un ánimo divertido y distendido. Platón afirmaba que una buena broma solía ayudar cuando la seriedad oponía resistencia.

Me pregunto, entonces, ¿cuántas veces nos reímos al día? ¿Festejamos una buena broma? ¿Tomamos de manera cómica algunas cuestiones que pueden parecer complejas? Jamás hay que olvidar que el humor tiene el poder de sanar, de curar heridas, de hacernos sentir más despreocupados y livianos.

La risa aparece como un lazo que une personas, acorta distancias, lima asperezas y afloja tensiones. Sonreír y encontrar humor donde muchas veces no lo hay promueve la amistad y la concordia. Todos los días, sin excepción, debemos hallar un motivo para reír y brindar sonrisas. Un día sin haber vivido con alegría es un día perdido. La vida es para festejar, para divertirse, brindar, amar y ayudar, no para sufrir y estar amargados.

> « *¡Ánimo!, ¡qué importa!, ¡cuántas cosas son posibles aún! Aprended a reíros de vosotros mismos como hay que reír.* »

FRIEDRICH W. NIETZSCHE

Cumplamos las promesas que nos hacemos

*E*n el libro *Yoga y salud*, de E. Haich y S. Yesudian encontré este párrafo que tanto se parece a lo que hoy denominamos Ley de atracción. «Los pensamientos (…) son potentes y forjan nuestro destino. (…) con ayuda de pensamientos buenos y positivos podemos atraer condiciones buenas y deseables, mientras que los pensamientos malos, negativos, los malos sentimientos, nos llevan a la miseria y la enfermedad».

Es de esperar, pues, que lo correcto sería reeducarnos para dejar de lado la costumbre de pensar mal de todo y de todos, dejar de hacer interpretaciones, olvidar los prejuicios, porque se basan en pensamientos erróneos.

Por suerte, al estar en el siglo de la salud física y mental (no sé si decir espiritual), tenemos a nuestra disposición terapeutas (de todas las corrientes), material bibliográfico, cursos, seminarios y varias herramientas más para ayudarnos a crecer y evolucionar.

Hoy es posible tener una nueva oportunidad para imprimir un nuevo rumbo a nuestras vidas. La especialista en crecimiento personal y motivación, Verónica De Andrés, pone el acento en la importancia de cumplir las promesas que nos hacemos, ya que si nos proponemos un plan de cambio y luego no lo cumplimos, como muchas veces solemos hacer, esto socava nuestra confianza y corta la posibilidad de modificar los hábitos indeseables.

La convicción, la fortaleza, cumplir con lo que nos prometemos junto con las herramientas que hay a nuestra disposición hace posible que tengamos un nuevo comienzo y, por lo tanto, una mejor calidad de vida.

Elecciones energéticas

—¡Eres un pesimista, ves siempre el vaso medio vacío!
—¡No!, lo veo medio lleno, pero de veneno.

SCOOP, WOODY ALLEN, 2004

*E*n muchas ocasiones, me cuestioné por qué me costaba tan poco quejarme y tanto pensar en los aspectos positivos del mundo y de mi vida. La protesta caía de mi boca, ni siquiera podía decir que salía, porque fluía naturalmente, sin control, libre, sin obstáculos. Cuando lo noté y puse en práctica el plan para cambiar, al tiempo modifiqué la pregunta: ¿por qué me cuesta tan poco hablar bien, sonreír, comprender y aceptar?

Tal como verán en el plan para el cambio, a medida que avancen con este proyecto, y, mejor, cuando lo hayan finalizado, podrán notar que les resulta más fácil y «normal» pensar positivamente y a la vez se detonará una alarma (también, de manera automática) cada vez que se estén quejando. Esto sucede porque crearon una nueva rutina en su mente, modificaron su sinapsis, cambiaron hábitos.

Vivir mejor o peor es una elección, una selección, no un destino fijado de antemano.

Cada paso que damos es una elección entre el avanzar o el retroceder, entre el caminar o quedarnos parados. Cada paso que damos en la vida suele enfrentarnos a una bifurcación. Simone de Beauvoir aseguraba que «da biografía es una suma de elecciones».

Sé que a veces puede resultar abrumador tomar decisiones, pero es realmente nocivo dejar nuestro presente y futuro en manos del azar, y que pase lo que pase.

Si está en nosotros la posibilidad de elegir, si tenemos la libertad para cambiar, debemos aspirar a la felicidad y trabajar por ella. Debemos salir en su búsqueda.

> *(...) Yo aprendí que en la vida no existe una respuesta correcta o equivocada. Aprendí que en la vida tendemos a hacer elecciones, y que cada elección tiene una consecuencia. Si no nos gusta nuestra elección y su consecuencia, entonces debemos buscar una nueva elección y una nueva consecuencia.*
>
> ROBERT KIYOSAKI

El poder de cambio: renovando el cableado cerebral

«*Despertarse significa cambiar de valor.*»

TAISEN DESHIMARU

*D*aniel J. Siegel explica de este modo lo que es la neuroplasticidad: «La capacidad de generar nuevas neuronas y conexiones neurales en respuesta a la experiencia recibe el nombre de neuroplasticidad. Hoy sabemos que esta se puede darse durante toda la vida, no solo en la juventud».

El cerebro es extremadamente dinámico; interactúa continuamente con el ambiente y con los hechos psíquicos y es sumamente sensible a los cambios. Si tomamos en consideración que una sola neurona puede establecer aproximadamente quince mil conexiones, imaginen el poder de nuestro cerebro. Tengan en cuenta que las sinapsis están relacionadas con las modificaciones en las conductas, con la memoria y el aprendizaje.

Las neurociencias han demostrado, entre otras cosas, que el cerebro puede regenerarse mediante su uso y potenciación. El cerebro cambia de forma, según las áreas que más utilizamos, según nuestra actividad mental. Recordemos que la cantidad de nuevas conexiones puede incrementarse mediante el esfuerzo mental. Los efectos son específicos: dependiendo de la naturaleza de la actividad mental, las neuronas nuevas se multiplican con especial intensidad en distintas zonas cerebrales. Las diferentes estimulaciones (actividades o aprendizajes), entonces, puede moldear la mente, crear nuevos hábitos y comportamientos.

Afirma Siegel: «La ciencia ha demostrado que prestar atención plena, es decir, atender a la riqueza de las experiencias en el aquí y el ahora, mejora la fisiología, las funciones cognitivas y las relaciones interpersonales. Estar completamente presentes en la conciencia nos abre nuevas posibilidades de bienestar».

> *Durante muchos años, se creyó que a partir de cierta edad la dotación de neuronas no se renovaba. Las últimas investigaciones científicas demuestran que la actividad mental modifica el cerebro y nos conduce a lo que conocemos como "Sabiduría".*

ELKHONON GOLDBERG

¿Eres un «finisher»?

El término inglés se emplea, en general, para los corredores que terminan una maratón, pero es válido utilizarlo para los que trabajan (a mi manera de ver) en pos de un objetivo y lo concluyen.

Ser *finisher* implica poseer el deseo y la fuerza de voluntad para concretar lo que se inicia, de llegar hasta el final pese a los temores y contratiempos, de cumplir la meta aun cuando los que lo rodean le dicen que no podrán con ello. Significa que se levantarán tantas veces como se hayan caído. Es toda una filosofía de vida.

Los *finisher* son aquellas personas que después de haber vencido festejan con orgullo ese logro. No importa si les costó más que a otros llevar a cabo lo propuesto, tampoco les interesa si lo hicieron mejor o peor que los que compitieron con ellos, solo les importa haber finalizado y la autosuperación.

Cada segundo implica un esfuerzo, atención, dedicación y no se resignan, perseveran contra viento y marea porque saben que están cerca de la línea de llegada y eso los fortalece para seguir hasta el final.

Tampoco es relevante si se equivocaron y deben desandar el camino y tomar el sendero correcto porque solo cuenta llegar al final.

Seguramente conocemos cientos de *finisher*... madres, padres, un hermano, hermana, hijos, amigos, a los que podemos adoptar como modelos para aprender de ellos. Los ejemplos son altamente instructivos y educativos. La educación y la constancia son vitales para cambiar hábitos. Hay miles de historias que han demostrado que con fe, esperanza, coraje y empeño se puede conseguir el éxito.

Otro «tip» para cortar con los berrinches: el perdón

> *Tu tarea no es buscar el amor, sino buscar y encontrar dentro de ti todas las barreras que has construido contra él.*
>
> RUMI

Un modo de dejar ir nuestras críticas, juicios y ofensas es a través del perdón. Ese perdón debe dirigirse hacia nosotros y hacia quienes nos rodean.

Nada puede cambiar si no nos perdonamos y si somos extremadamente autocríticos. Obviamente, tampoco estaremos, así, en posición de entender y perdonar a otros.

Perdonar nada tiene que ver con soberbia, es decir, no hay perdón si nos creemos mejores que los demás. El perdón se plantea desde la humildad y reconocimiento de que todos erramos, de que todos tenemos defectos y por ese motivo no podemos juzgar a nadie. Recuerden las maravillosas palabras de Jesús cuando se presentó ante una turba furiosa que estaba por apedrear a una mujer adúltera: «quien esté libre de pecado que arroje la primera piedra».

Quisiera también recordarles que el acto de perdón no implica estar de acuerdo con malos actos o actitudes erróneas nuestras o de otros, sino con soltar el enojo, soltar esa postura de juez y, en su lugar, asumir que somos seres imperfectos susceptibles de equivocarse, no una sino ciento de veces.

Para cortar con la queja o la crítica es importante, pues, abrirse a la reconciliación, a la comprensión y empatía; se trata de dejar un círculo vicioso y reemplazarlo por uno virtuoso, en donde lo que haremos es ayudarnos y ayudar, brindar cariño y comprensión, asistir y cooperar.

En el budismo, por ejemplo, el perdón se lo entiende como una práctica para prevenir pensamientos perjudiciales que puedan dañar nuestra paz mental. Pone énfasis en los conceptos de amabilidad, compasión, gozo compasivo y ecuanimidad como medios para evitar el sufrimiento y acceder a la felicidad.

> **«*El amor lo conquista todo.*»**
>
> VIRGILIO

4. Plan para el cambio

> " *Tanto si piensas que puedes, como si piensas que no puedes, estás en lo cierto.* "

HENRY FORD

Otras opciones

Antes de exponer mi plan en nueve pasos para el cambio, quisiera proponerles que se informen bien respecto de las diferentes formas que existen en la actualidad para modificar o erradicar ciertos hábitos perjudiciales. Todos los seres humanos no respondemos de la misma manera ante los tratamientos, por lo cual, es fundamental hallar lo que mejor resulte para cada uno.

Por tal motivo, he puesto a lo largo del libro y también a continuación algunas herramientas y sistemas que serán de suma importancia para ustedes: el método desarrollado por Gordon Training International, algunas técnicas de Christine Lewicki y la propuesta de Will Bowen.

Verán que todos ellos tienen muchos puntos de contacto, sin embargo, en mi proyecto quise ir un poco más allá y fraccionar el proceso en partes más detalladas y concisas porque considero que es más fácil cumplir un objetivo cuando se divide en pequeños pasos o metas.

«Acompañamiento del cambio» de la Gordon Training International (resumen)

La Gordon Training se define como un grupo de gente que tiene un gran sueño: inspirar y capacitar a un nuevo tipo de líder… el que trabaja efectivamente sin producir perjuicios para su compañía, el que se relaciona bien con la gente y el que sabe coordinar perfectamente a un equipo. Pero también ayudan a todo tipo de personas y en diferentes situaciones. Su fundador, el Dr. Thomas Gordon, es reconocido como un pionero en la enseñanza de habilidades de comunicación y los métodos de resolución de conflictos con padres, maestros, jóvenes, administradores de instituciones y empleados.

Veamos entonces la propuesta de la Gordon para un cambio de hábito:

Fase uno: euforia y esperanza

Es el momento en el que se descubre, de una manera un tanto difusa, que existe «algo» que genera malestar y complicaciones en nuestras vidas, pero no estamos plenamente conscientes de sus verdaderas repercusiones.

Fase dos: conciencia del desafío

Aquí detectamos perfectamente el problema y sus consecuencias, decidimos iniciar el plan y damos los primeros pasos del plan.

Esta es también la fase del baile del brazalete como dice Lewicki porque es cuando avanzamos y retrocedemos en el uso de esta técnica y por lo tanto la pulsera pasa de una muñeca a la otra.

También es aquí donde nos planteamos más dudas y flaqueamos. Muchos, en este período es cuando bajan los brazos y abandonan. Sin embargo, con fuerza de voluntad, se logra seguir.

Fase tres: tiempo sin quejarnos

Aquí tenemos más dominio sobre nosotros mismos, nos damos cuenta de manera inmediata cuando estamos a punto de emitir una protesta o refunfuñar y ya manejamos otros modos de expresión para explicar un enfado o enojo. Ya contamos con las herramientas para cortar con el hábito de quejarnos.

Fase cuatro: somos diestros en la técnica

En esta etapa la queja está desterrada, no surge de manera espontánea, más bien, con naturalidad, salen otros modos de expresarnos y comunicarnos. Es decir, hemos hecho una nueva costumbre (cumplidos los 21 días): manifestarnos o explicar nuestros puntos de vista sin intermediar el lamento o la rabieta.

Will Bowen contra el pensamiento negativo

En 2006, el pastor estadounidense Will Bowen, con el propósito de ayudar a los miembros de su comunidad a eliminar la cultura de la queja y sus efectos tóxicos, propuso «El reto de los 21 días» con el fin de brindarles dirección y apoyo para eliminar cualquier rastro de queja o lamento. La propuesta fue mantenerse durante 21 días sin quejarse y colocarse a manera de recordatorio de este compromiso un brazalete de color morado con la leyenda UN MUNDO SIN QUEJAS. Tan seguro está de los efectos nocivos de la queja que en su templo dispuso un cartel que dice «espacio libre de quejas». Obviamente, en ese espacio, está prohibido lamentarse o criticar.

Si durante ese lapso de cambio emitían alguna queja, debían cambiar la pulsera de muñeca y volver a empezar de cero. Si bien muchos de los participantes lograron superar el reto, no todos pudieron hacerlo de corrido; tuvieron recaídas y vuelta a empezar.

Se dice que millones de personas ya lo han logrado desde que Bowen lanzó esta campaña en los Estados Unidos, comenzando en su propio templo y con sus adeptos.

¿Por qué propuso 21 días? Porque él sabía que en la comunidad científica actual se afirma que toma 21 días (corridos) crear un nuevo hábito.

«Quejarnos se ha convertido en una epidemia. Has notado como cuando nos quejamos, del tema que sea, lo único que logramos es sentirnos peor? No sirve para solucionar nada —dice Bowen, y agrega—: Eso nada más significa focalizar nuestra atención y energía en las cosas que no queremos, y no en las que sí anhelamos».

Christine Lewicki y su desafío

*E*n su libro *¡Deja de refunfuñar!*, Christine explica: «Cuando me quejo proyecto mi atención sobre todo aquello de mi vida que cojea, y eso me impide apreciar plenamente lo que funciona bien. ¡Qué desperdicio!».

Comienza su obra diciendo que no recuerda exactamente cuándo se planteó este reto de los 21 días para el cambio, pero que aproximadamente en 2010 «germinó el deseo de dejar de protestar». Y continúa: «Lo que finalmente provocó que deseara iniciar este proceso fue adquirir conciencia de que, aunque suelo ser positiva, me encontraba demasiado a menudo para mi gusto, en situaciones de frustración o nerviosismo, momentos en los que me veía como víctima y me quejaba».

Entonces se propuso una especie de juego o actividad (que le resultó altamente efectivo para su objetivo, y que por cierto ha funcionado para miles de personas): primero comenzó poniéndose un brazalete como modo de recordarse su meta; este debería cambiarse de muñeca si se incurría en una queja, y debía comenzar todo el proceso desde el principio. Luego, basándose en recientes descubrimientos en el campo de la neurociencia, determinó el plazo de 21 días seguidos sin quejarse para cambiar su costumbre tóxica. Más tarde, teniendo en cuenta un estudio que había leído de la Gordon Training, le brindó a su plan un esqueleto basado en «las cuatro fases para el acompañamiento del cambio».

Los nueve pasos hacia el éxito: mi método

> " *Uno es responsable de lo que hace, de lo que sufre y de lo que ama.* "
>
> DR. VIKTOR E. FRANKL

Ahora yo les propongo asumir este reto de 21 días sin quejas y sin críticas. Si lo logran, habrán hecho de su vida un paraíso en la tierra, como dice Don Miguel Ruiz en sus *Cuatro Acuerdos*.

¿Por qué adopté los 21 días?

> " *Al imponer cierta disciplina interna, podemos experimentar una transformación de nuestra actitud, de toda nuestra perspectiva y nuestro enfoque de la vida.* "
>
> DALAI LAMA

Adopté esta cantidad de días porque como practicante de reiki, y según lo que aprendí de Hawayo Takata, es en este lapso (21 días continuos) cuando la persona puede ordenar su energía, es decir, puede producir su «alineamiento de chakras». Además, Takata aplicó los 21 días en honor a los 21 días de meditación de Usui donde concibió el Reiki como un método de vida y terapia sanadora.

También pensé en los 21 días porque los especialistas en la conducta humana indican que generalmente los seres humanos nos podemos condicionar con una rutina al repetirla 21 veces o más. Un gran promotor de esta teoría fue Williams James (1842-1910), filósofo y psicólogo norteamericano fundador de la psicología funcional. Él afirmaba que «para crear o romper un hábito uno tiene que hacer algo durante 21 días consecutivos. Después de las tres semanas, la acción repetida quedará interiorizada».

Cómo funciona el método:

- Debes estar plenamente seguro de que deseas cambiar.
- Elabora una lista de las razones que tienes para empezar con este plan.
- Analiza todas las características y consecuencias de ese hábito que deseas modificar, porque muchas veces, cuando no tenemos pleno conocimiento de lo que debemos modificar, nos equivocamos y debemos empezar de cero.
- Plantea con mucha claridad tu objetivo.
- Verifica los recursos con los que cuentas.
- Determina las acciones para erradicarlo.
- Supera el temor al fracaso.
- Pon un día de comienzo para el proyecto.
- Avísales a tus amigos, familiares, pareja lo que estás haciendo, para que te ayuden en el proceso. Ejercita la fuerza de voluntad.
- No impacientarse.
- Afirmaciones positivas
- Visualizar el éxito.
- Apártate de aquellos que te quieren hacer que te equivoques o desistas del plan. Alguien que realmente te quiere no se comporta de esa forma.

- Busca estímulos positivos que te ayuden a motivarte para no dejar el plan y seguir avanzando.
- Anota en un cuaderno o calendario tus logros y recaídas.
- Si tuviste una recaída, deberás empezar de cero, como si fuera tu primer día, y registra lo sucedido.
- Cuando hayas concretado el plan, sal a festejar ese éxito con la gente que amas, eso te ayudará a cargarte de energía y armar nuevos proyectos.
- No te olvides que es importante que compartas tus conocimientos con los seres queridos. Si lo que aprendiste te ayudó, comunícalo a otros.

Paso 1: Verificar que estamos seguros del cambio

> *" El éxito no se logra solo con cualidades especiales. Es sobre todo un trabajo de constancia, de método y de organización. "*

J. P. SERGENT

He sido testigo, infinidad de veces, del fracaso de muchas personas al intentar dejar de fumar, comenzar un curso, aprender un idioma, terminar con la costumbre de decir palabras soeces, entre otras cosas. Esto se debe al hecho de que nunca se han tomado el tiempo para meditar acerca de sus motivaciones y del tiempo y energía que desean poner en ello. Cuando se hace un viaje y no se lleva una brújula, difícilmente se pueda llegar a buen puerto, lo seguro es que demos vueltas hasta finalizar nuestro recorrido en el mismo punto de donde partimos.

De tal modo, es importante, antes de comenzar absolutamente cualquier cosa, saber si nos hallamos plenamente convencidos del paso que daremos y si estamos dispuestos a luchar, incluso, contra nuestras propias inclinaciones hacia la inercia.

Nuestra fortaleza interior será la mejor aliada para sacarnos de la zona de confort, de lo que por ser conocido nos resulta cómodo. En reiteradas ocasiones nos podrá parecer muy hermoso apuntarnos a un plan de cambios, pero lo cierto es que cuando no existe una firme decisión y un objetivo concreto, nunca se concluye exitosamente.

En toda planificación es necesario, pues, además de definir la misión total, las pequeñas metas, las condiciones que debemos tener para llevarlas a cabo y los recursos externos con los que contamos, debemos tener plena seguridad de que anhelamos fervientemente meternos de lleno en el proyecto, sin excusas y con plena convicción.

" Las peores decisiones son aquellas que se toman basados en argumentos coyunturales con el propósito de solucionar temas estructurales "

JORGE GONZÁLEZ MOORE

Paso 2: Estudiar nuestras motivaciones

> *"La motivación es un estado interno que activa, dirige y mantiene la conducta."*

ANITA WOOLFOLK

Motivarnos implica hallar algo que llame nuestra atención, que encienda nuestro deseo y curiosidad, que nos impulse a un fin, a enfrentar desafíos y emprender proyectos.

Para entender bien lo que es la motivación, la teoría que mejor la describe es la de Maslow. Este psicólogo estadounidense jerarquizó los motivos que toda persona tiene o podría tener de acuerdo con su situación personal.

Maslow formula una jerarquía de necesidades y explica que conforme se satisfacen las más básicas (parte inferior de la pirámide), las personas desarrollan necesidades y deseos más elevados (parte superior de la pirámide).

Si vemos, por ejemplo, la punta de esa figura, podremos hallar necesidades tales como aceptación de la realidad, creatividad, falta de prejuicios y resolución de problemas, todos tan fundamentales para acceder lograr mejorar como personas, realizarnos, evolucionar.

En este caso puntual, si hemos de empezar con un plan de 21 días, podemos tener motivaciones tales como querer optimizar nuestras relaciones sociales, focalizar nuestra energía en lo que nos sale bien, en vez de lo que nos sale mal, maximizar nuestro rendimiento laboral, mejorar la manera en que nos manejamos con nuestra familia… las posibilidades son muchas, porque este plan es multiuso, pero es INDISPENSABLE saber exactamente por qué queremos cambiar para poder cambiar.

> *❝ Cada mente se forma un concepto de un fin o un ideal, un medio de salir del estado presente y de superar las deficiencias o dificultades actuales, formulándose una determinada meta para el futuro. Por medio de esta meta o fin concreto, los individuos pueden creerse o sentirse a sí mismos por encima de las dificultades existentes, porque en su mente está el triunfo futuro. ❞*

ALFRED ADLER

Paso 3: Características y consecuencias del hábito que deseo cambiar

> *❝ Conoce a tu enemigo y conócete a ti mismo; en cien batallas, nunca saldrás derrotado. Si eres ignorante de tu enemigo pero te conoces a ti mismo, tus oportunidades de ganar o perder son las mismas. Si eres ignorante de tu enemigo y de ti mismo, puedes estar seguro de ser derrotado en cada batalla. ❞*

SUN TZU

*Y*a sabemos que nuestro enemigo es la queja y que deseamos derrotarla, para ello debemos atacar sus estrategias, sus diferentes manifestaciones. Sun Tzu afirmaba que hay casos en los que puede predecirse la victoria:

- ✖ **Cuando la persona sabe cuándo puede luchar y cuándo no.**
- ✖ **Cuando comprende cómo luchar.**
- ✖ **Cuando sus fuerzas están unidas en un propósito.**
- ✖ **Cuando está bien preparado.**

Cada uno antes de empezar este plan debe enumerar esas quejas que enuncia de manera habitual y ver, en la medida de nuestras posibilidades, en qué se originan y qué las detona. Cuando conocemos a nuestro adversario, tal como decía el famoso general chino, es más fácil dominarlo y vencerlo.

Si salimos a la batalla sin preparación previa lo más seguro es que nuestro proyecto recaiga continuamente y fracase. Por eso es tan fundamental tomar conciencia de lo que estamos a punto de iniciar, cuáles son nuestras capacidades para entrar en combate, cómo podemos atacar y terminar con nuestro antagonista y adquirir nuevos comportamientos que harán nuestro desenvolvimiento más eficaz, coherente y, por cierto, feliz.

Paso 4: Determinar con claridad y detenimiento el objetivo

Actualmente, en el mundo empresarial, se dice que todo objetivo debe ser *smart*. Este término que, en definitiva, es un acrónimo, en inglés significa hábil o inteligente y conlleva 5 puntos clave a saber:

S (*specific*) = específico.
M (*measurable*) = mensurable o medible.
A (*achievable*) = alcanzable.
R (*resultoriented*) = orientado a resultados.
T (*time limited*)= debe tener un límite de tiempo.

Analicemos el significado de estos componentes.

Un objetivo no debe ser difuso, sino específico, con lo cual queda sobrentendido que tiene que ser claro y muy concreto. No es lo mismo decir «me gustaría poner en práctica un plan para dejar de quejarme» que decir «como quejarme perjudica mi desenvolvimiento, realizaré los 9 pasos del plan en 21 días y así cambiaré mi hábito negativo». En el segundo caso, como se puede apreciar, hay un detalle y tiempo pautado de antemano.

Un objetivo debe ser medible. Esta cuestión se refiere a que debe existir en todo plan un dispositivo que permita controlar paso a paso si se están cumpliendo las pequeñas metas que nos llevarán al objetivo final. El hecho de contar con una agenda en la que vayamos registrando los progresos y retrocesos o el uso del brazalete de control, será un elemento importante para tal tarea.

Un objetivo debe ser alcanzable y para ello debe ser ante todo realista. Este tema nos plantea un tema fundamental: tener presente si es el momento adecuado para iniciar el proyecto, si estamos con toda la energía que precisamos, si no nos encontramos en un momento delicado en el que será difícil afrontar tamaño reto, etcétera.

Un objetivo debe estar orientado a resultados. Esto significa que cuando establecemos una meta debemos estar seguros que tendrá una consecuencia positiva y funcional en nuestra vida.

Un objetivo debe estar limitado en el tiempo, no puede ser eterno, porque termina agotándose y diluyéndose.

Así, todas estas pautas deberemos tenerlas en cuenta para el camino que estamos por emprender. No menospreciemos todos estos pasos porque con ellos nos será posible concretar el proyecto.

Paso 5: Establecer con qué recursos contamos

*A*ntes de iniciar cualquier proyecto (la construcción de una casa, hacer un postre, confeccionar una camisa, emprender un nuevo proyecto laboral, elaborar una rutina de gimnasia para modelar el cuerpo, programar un cambio de alimentación para bajar de peso, modificar una aspecto de nuestra personalidad) debemos descubrir con qué elementos contamos y qué puntos fuertes y cualidades poseemos.

«La exaltación de los puntos fuertes de cada uno suele considerarse reprobable y normalmente tendemos a centrar nuestra atención en nuestras debilidades y en todo aquello que no somos capaces de hacer» dice Vera Peiffer en su libro *Pensamiento positivo*.

Este hecho limita seriamente nuestro poder, nuestra creatividad y fortaleza interior. Tomémonos un tiempo para hacer una lista detallada de las características positivas que tenemos; con un poco de dedicación y amor hacia nosotros mismos es posible hallarlas. Ellas serán fundamentales para iniciarnos en esta nueva etapa.

Entiendo que cuando estamos acostumbrados a criticarnos es difícil encontrar caracteres interesantes o valiosos, pero se trata de un ejercicio más que debemos hacer para este «tratamiento para el cambio».

Piensen seriamente, ¿podrían considerarse personas diligentes, entusiastas, honradas, justas, decididas, fuertes, consideradas, empáticas, perseverantes, tenaces, sensatas o íntegras?

Apuesto que muchos de ustedes tienen más de una de estas «particularidades o dones». Todos contamos con rasgos que nos definen y hay que echar mano de ellos al inaugurar un nuevo ciclo evolutivo como estamos a punto de emprender.

Cierta vez una persona preguntó cómo se podía hacer para comer un elefante. Alguien le respondió… bocado a bocado, poco a poco. Así es como tendremos que proceder para entendernos, amarnos y crecer mental, espiritual y emocionalmente, sin prisa, pero sin pausa.

Paso 6: Acciones para erradicar el hábito

Superar el temor al fracaso

> *«No me arrepiento de mis fracasos, sino de lo que no intenté por miedo a él.»*

¿Cuántas cosas no hicimos o vivimos por temor a fracasar? Si hiciéramos una lista nos alarmaríamos. Nos da vergüenza no cumplir un objetivo, empezar algo y no terminarlo, o que algo hecho no haya funcionado. Ésa es la palabra… vergüenza.

Sin embargo, yo opino que no debe dar vergüenza que no nos saliera algo sino no haberlo intentado, porque eso es cobardía y la cobardía hace que perdamos el 90% de nuestra felicidad.

Por temor o vergüenza no le decimos a alguien que lo amamos, no nos embarcamos en un negocio, no iniciamos una carrera, entre otras cosas. Piensen seriamente todo lo que postergaron por esos dos sentimientos negativos: temor y vergüenza.

Pocos se atreven a pensar que el fracaso (que no es tal, tan solo es un error) es aprendizaje que puede señalarnos un camino más adecuado para nosotros.

Generalmente, nos da miedo equivocarnos porque solo vemos sus aspectos negativos. No pensamos en términos de aprendizaje sino en impotencia, dolor, descalificación, incapacidad, infortunio, incluso, estupidez. De hecho, algunos pueden tener la falsa impresión que algunos «desaciertos» los definen como personas.

Hay un ejemplo que me encanta citar: Thomas Edison falló miles de veces (dicen que 10.000) antes de lograr el filamento que se emplea en las lámparas de luz eléctrica. Sin embargo, no desistía. Aprovechó cada fracaso o tropiezo para aprender algo más, hasta lograr lo que deseaba.

Claramente se establece que en muchos casos el fracaso da lugar al éxito. Insisto, lo que no se debe hacer es dejar de actuar. Cuando no nos movemos por temor o vergüenza, no nos fortalecemos sino que nos debilitamos; cada vez nos atrevemos a hacer menos, hasta que llega un punto que el temor nos aparta de todos y de todo.

Es importante entonces a animarse a realizar planes y concretarlos, sin importar los resultados, dejando de lado los miedos, las inseguridades, tomando cada paso como una evolución en el camino que nos conduce al perfeccionamiento. No hay que renunciar, desmoralizarse, entristecerse, humillarse, criticarse, castigarse, por el contrario, es fundamental incentivarse cada vez más, poner más energía para aprender, esmerarse, intentar otra opción, revisar los pensamientos que nos desmotivan, y pensar siempre en positivo.

> *Cuando podemos empezar a tomar nuestros fracasos sin seriedad, quiere decir que estamos dejando de temerles. Es de enorme importancia aprender a reírnos de nosotros mismos.*

KATHERINE MANSFIELD

Establecer el día Uno

> *Cambiar un hábito es mucho mejor que quedarse con elecciones erróneas que hemos realizado a través del tiempo.*

Casi todos enfocan sus miradas en el día 21, el día «D», el punto del éxito, de la transformación y del orgullo por lograr el objetivo propuesto, y le brindan poca importancia al día 1, a la fecha en que se inicia «el gran cambio».

Sin embargo, ese primer día es fundamental y requiere un estudio pormenorizado, ya que a partir de ese momento se desencadenarán algunas acciones y reacciones que harán que nuestras vidas cambien de rumbo.

Debemos tener en cuenta, a la hora de determinar el inicio del plan, si no estamos en un momento de mucho estrés, si no nos hallamos en una situación personal altamente complicada, si no nos encontramos en una circunstancia emocional o económica enmarañada, si existen problemas familiares que están provocando roces y discusiones y que es necesario solucionar antes de dar comienzo a cualquier otro evento… es decir, es vital tener todos estos factores en cuenta para determinar el punto de comienzo del proyecto, porque si tomamos una decisión sin contemplar todas estas cuestiones quizá podría traducirse todo en una postergación y consecuente decepción.

Establecer ese instante de iniciación con pleno conocimiento de nuestra circunstancia actual determinará la victoria o fracaso.

Tenemos que pensar e imaginar el primer día como el comienzo de un largo camino que iremos transitando hacia la construcción de un futuro mejor, más alegre y armonioso y, por lo tanto, cuanto más tranquilos, flexibles, fuertes y liberados estemos, tendremos más probabilidades de concluir exitosamente. Una vez puestos en marcha, los logros serán consecuencia de ese andar.

> *Incluso el camino más largo comienza con el primer paso.*
>
> KALIMÁN

Solicitar ayuda

En el año 2010, a Pedro le habían diagnosticado una patología cardíaca importante. Su colesterol, su presión arterial, todo en definitiva, tenía valores desproporcionados para un hombre de cincuenta y cinco años.

El médico, como primera medida, le recomendó una dieta estricta, caminatas diarias y nada de cigarros o alcohol. (Mi padre diría que eso no es vida.)

Las primeras semanas, su mujer y sus amistades lo cuidaban con diligencia para que siguiera al pie de la letra las recomendaciones del doctor, pero a medida que pasaba el tiempo, de a poco retornaban las viejas rutinas… los almuerzos familiares de los domingos y las cenas con amigos los jueves. Se organizaban verdaderos festines y ya nadie se cuidaba de fumar delante de él.

Finalmente, Pedro también empezó a descuidar su dieta y lentamente retomó el fumar. Lo tragicómico de la situación es que en cada encuentro lo reprendían a viva voz porque fumaba o comía «lo prohibido», pero nadie se hacía cargo de que con sus actitudes no estaban colaborando con su situación.

Tuvo un segundo ingreso en el hospital y estuvo al borde de la muerte.

Al poco tiempo, los juntó a todos para decirles que necesitaba su ayuda, que quería seguir seguir haciendo reuniones, pero que no podría hacerlo si continuaban de esa manera, que si lo que apreciaban era el encuentro debían traer comidas sanas y no fumar en su presencia ya que estaba en juego su vida. Preocupados por lo precario de su salud, todos juntos y al mismo tiempo, tomaron conciencia de que si valoraban esos hermosos momentos debía apoyarlo a Pedro con todas sus fuerzas y ganas.

A partir de ese momento y gracias a que se animó a pedirles su colaboración, pudo continuar perfectamente con su vida social y recuperó la salud que había perdido.

Solicitar cooperación cuando lo necesitamos es parte de nuestras interacciones múltiples y facilita tanto la convivencia como la concreción de nuestros objetivos.

Aprender a no impacientarse

"Quien tiene paciencia, obtendrá lo que desea."

Supongo que algunos lectores dirán, ¡qué fácil es decir no pierdan la paciencia! Pero deben recordar que este camino que ustedes están recorriendo, yo ya lo transité. Los estoy guiando desde mi propia experiencia y no desde un pedestal con un puntero en una mano y un librito en otra.

Los humanos solemos ser impacientes, mientras aguardamos que se cocine nuestra cena, estamos sobre la mesa tamborileando los dedos porque no soportamos la espera, si debemos recibir un mail, abrimos el correo múltiples veces para ver si ya llegó y si tenemos que recibir una llamada importantísima, repasamos varias veces si el teléfono está bien colgado cuando no llaman con la velocidad que esperamos. Ni hablar de si nos hallamos atrapados en medio del tráfico.

La impaciencia se produce por el miedo y la intolerancia hacia lo que no podemos controlar.

En este caso particular, el plan de 21 días es imprescindible ser tolerantes y respetuosos con nosotros mismos, porque normalmente no es frecuente que esta técnica se concrete en el primer intento. Generalmente, se tienen varias recaídas, por lo cual, puede suceder que este proceso se demore varios meses.

Por eso insisto en tener fortaleza y constancia para no ceder ante la primera equivocación. Cambiar hábitos no es tarea fácil y deberán trabajar con empeño para cumplir con el objetivo que se propusieron.

«Ganas fuerza, coraje y confianza por cada experiencia en la que realmente dejas de mirar al miedo a la cara. Te puedes decir a ti mismo, «he sobrevivido a esto y podré enfrentarme a cualquier cosa que venga». Debes hacer lo que te crees incapaz de hacer.»

ELEANOR ROOSEVELT

Unas palabras del papa Francisco acerca de la paciencia

En la experiencia del límite (…), en el diálogo con el límite, se fragua la paciencia. A veces la vida nos lleva, no a «hacer», sino a «padecer», soportando, sobrellevando (…) nuestras limitaciones y las de los demás. Transitar la paciencia (…) es hacerse cargo de lo que lo que madura es el tiempo. Transitar la paciencia es dejar que el tiempo paute y amase nuestras vidas.

La inquietud del aspirante
(Antología de cuentos de la India y Tíbet)

Era un aspirante espiritual que se debatía en profundas dudas, incertidumbre e insatisfacción. Todo eran preguntas. Todavía no había respuestas. Se reunió con su maestro y le preguntó.

—Oh, maestro, ¿cómo podré saber cuándo estoy realmente en la senda hacia la suprema libertad interior?

El maestro repuso:

—Querido mío, no te atormentes. Cuando realmente estés en la senda hacia la suprema libertad interior ya no te harás ese tipo de preguntas.

Camina, pero sin compulsión; indaga, pero sin ansiedad; sigue la senda, pero sin urgencia de resultados. EL CAMINO YA ES LA SENDA.

Afirmaciones positivas

> *«Ahora entro a un nuevo espacio en la conciencia, en donde me veo de forma diferente. Estoy creando nuevos pensamientos acerca de mi ser y de mi vida. Mi nueva forma de pensar se convierte en nuevas experiencias.»*

LOUISE HAY

*L*as palabras positivas pueden tener algo asombroso y sumamente constructivo. Nos pueden ayudar en momentos difíciles a levantarnos y a continuar.

Aunque muchos no lo crean, las palabras de alta energía tienen un gran impacto en nuestros estados de ánimo. Un comentario agresivo o con malicia puede desmoralizarnos y uno bienintencionado puede llenarnos de energía y ganas de continuar el plan.

Las afirmaciones son frases positivas que se emplean para tener una perspectiva más optimista de la vida o de una circunstancia concreta. Estas pueden hacerse en silencio, en voz alta o escribiéndolas. No existe un tiempo mínimo o máximo para repetirlas. Se pueden realizar tantas veces como se quiera. Sin embargo, cuanto más las reiteremos y más energéticas sean las palabras, más nos ayudarán a combatir un hábito o a concluir un plan. Las afirmaciones siempre deben realizarse en tiempo presente, no en futuro, esto es, en vez de decir «dejaré de criticar» diremos «elijo expresarme bien y con respeto», y no deben comenzar con una negación, por ejemplo «no volveré a hablar mal de alguien», «no me lamentaré por mi salud» en su lugar expresaremos «estoy feliz y me siento bien con quienes me rodean», «tengo buena salud».

Una sugerencia importante: es vital la simplicidad y brevedad de las afirmaciones. Cuanto más concretas y claras sean, más beneficiosas nos resultarán.

> ❝*Hoy nadie puede dañarme porque me niego a creer que me puedan dañar. Me niego a dejarme llevar por emociones dañinas, por muy justificadas que parezcan. Me elevo por encima de todo lo que intente enojarme o infundirme temor. Los pensamientos destructivos no tienen ningún poder sobre mí.*❞
>
> LOUISE HAY

Visualiza el éxito

> *"El uso de la visualización creativa es la clave para acceder a todo lo positivo y a los dones que fluyen naturalmente en la vida."*

SHAKTI GAWAIN

Visualizar significa emplear la imaginación para crear lo que se desea. Es una capacidad que todos poseemos y que podemos utilizar para nuestro beneficio. Primero, creamos una imagen mental de lo que anhelamos y, posteriormente, seguimos concentrándonos en ella para enviar la energía positiva que hará falta para concretar lo que queríamos.

Los cinco pasos básicos para una visualización creativa son:

Crear una imagen mental de lo que deseamos obtener o modificar en nuestra vida. Pero dando por sentado que lo que aquí nos atañe es la queja, nos concentraremos, justamente, en dejar de refunfuñar.

Será necesario considerar que sea un plan posible para nosotros, porque de ese modo no nos encontraremos con resistencias negativas que nos hagan desistir.

Tendremos que crear una visualización exacta de lo que queremos; con determinación de tiempo y resultados esperados.

Deberemos emplear este recurso cada vez que sea posible, en el trabajo, mientras viajamos, durante una caminata, cuando preparamos la cena… será importante para reforzar la imagen.

A este proceso será esencial acompañarlo con afirmaciones positivas.

Visualizar que hemos cumplido el objetivo propuesto, imaginar el momento exacto en que se cumplen los 21 días, pensar en el esfuerzo que hicimos y que lo logramos es una actividad altamente estimulante para un proyecto como el que estamos por encarar.

Siempre, cualquiera sea el plan, debemos tener claro lo que queremos conseguir y visualizar que ya lo hemos conseguido.

Si bien es fundamental estar «presentes en el presente», imaginar el éxito que se avecina no nos hará ningún daño, por el contrario, nos incentivará a seguir y nos llenará de vitalidad.

¡Fuera vampiros energéticos!

*Y*a hablamos de lo que es la queja y la crítica y les he dado herramientas para que puedan implementar modificaciones. Ahora bien, si es que vamos a sumergirnos en un proyecto para modificar nuestras costumbres, será igual de necesario poner una distancia prudencial de otras personas adictas a la queja o a la crítica o, por lo menos, tomar ciertas precauciones para que no nos afecten.

Será necesario, también, identificar a estas personas para armar una estrategia.

Si fuera posible, lo ideal sería aunque sea momentáneamente (hasta sentirnos más seguros con nuestro propio plan de cambio de hábitos) alejarnos de ellos. Si no se pudiera realizar tal cosa, deberemos decirles amablemente que no sigan con esas rutinas de parloteo perjudicial. ¿Por qué hacer esto? Primero, para no estar expuestos a lo mismo que deseamos cambiar; segundo, la influencia de estas personas nos debilitan, nos predisponen mal, contagian pesimismo y nos produce desconfianza de todos y de todo, por lo cual, al poner distancia o por lo menos un freno a sus comentarios, es una manera de fortalecernos.

No debemos dejar que nos influencien negativamente, que nos predispongan a la tristeza, el enojo, la cizaña y discordia.

Tendremos siempre presente las características de los quejosos para distinguirlos bien:

- Se hallan sumamente insatisfechos de su vida, lo que les genera un alto grado de frustración y decepción.
- Son pesimistas.
- Hacen amenazas.
- Una característica común a todos ellos es el enojo y la indignación.
- Piden justicia o retribución, aunque nunca defina bien a ninguna de las dos.
- Reclaman permanentemente atención.
- Todo el tiempo exigen explicaciones.
- Tienen un profundo deseo de que sus preocupaciones sean reconocidas.

Un modo efectivo de frenar sus embestidas verbales es preguntarles qué solución tienen para el problema del que se están quejando o decirles por qué no manifiestan su enojo o preocupación ante la persona o la entidad que corresponda, a fin de poder llegar a una salida satisfactoria. Como la mayoría de los practicantes de estos deportes, lo hacen de manera automática, no sabrán qué responder y seguramente opten por el silencio.

La queja es contagiosa y predispone a los demás a quejarse; tiende a expandirse como reguero de pólvora, se enquista en todo campo propicio y se convierte en una forma de ser quejosa.

Fuerza para no abandonar el plan

> *"Quiero compartir con ustedes el secreto que me ha llevado a alcanzar todas mis metas: mi fuerza reside únicamente en mi tenacidad."*

LOUIS PASTEUR

Dentro de cada uno se esconde una fortaleza especial, aquella que nos puede ayudar y que nos es tan necesaria para enfrentar y superar los obstáculos que a diario se nos presentan en el camino.

Pese a que en muchas ocasiones puede parecernos que somos débiles, que no tenemos la fortaleza que precisamos o que estamos tan cansados que ya no sabemos de qué modo seguir avanzando, siempre hay un «resto», un poco de valentía, energía y coraje para continuar a pesar de las dificultades, solo hay que saber hallarlo.

Deberemos posar nuestras miradas en los logros alcanzados antes que en los inconvenientes que no pudimos superar, reparar

en lo importante que es nuestra familia y amigos en nuestra vida diaria, todas aquellas cualidades y características que nos hacen ver como seres únicos e irreemplazables.

Todo suma a la hora de hallar energías y seguir en la lucha.

Se trata de echar mano de todo lo bueno que nos rodea y que forma parte de nuestra existencia, para no caer y seguir.

Esa fuerza que yace en nuestro interior nos sirve para vencer a los peores enemigos… el pesimismo y la inercia.

Siempre debemos tener delante las motivaciones para seguir impulsándonos, eso es una cuestión central.

Si en lugar de poner nuestro plan en marcha, nos dejamos vencer por el temor y el abatimiento, nuestro coraje desaparecerá.

> *"Continuemos el viaje que a nuestro coraje la fe lo acarrea."*
>
> ELADIA BLÁZQUEZ

Llevar un registro

Es preciso, una vez iniciado el plan, adoptar algún método que les recuerde que están trabajando en ustedes y en una cuestión específica. Muchos principiantes emplean cintas o brazaletes, que cambian de lugar según hayan avanzado o retrocedido en el proyecto, y, otros, cuadernos o agendas en los que registran paso a paso los adelantos o recaídas.

Sea cual sea el recurso utilizado lo importante es tener en cuenta que la función es recordarnos que si incurrimos en una queja la cuenta comienza nuevamente en cero, es decir, si llevo varios días sin quejarme, supongamos cinco, y de pronto emito una protesta, deberemos empezar desde el día uno con este tratamiento. Recuerden que para cambiar un hábito se necesitan 21 días seguidos.

Mi caso particular es que estoy muy acostumbrada a emplear agendas y anotadores, por lo que me resulta su uso bastante natural, de modo que a medida que pasaban los días, anotaba qué sentía, cómo había sorteado un obstáculo y cómo iba el plan, si me equivocaba y me quejaba, empezaba el contador en cero y explicaba minuciosamente el porqué de este error.

La verdad es que el brazalete no me resultó práctico porque no soy una persona que use habitualmente bisutería. Sin embargo, para algunos de mis amigos el brazalete les fue sumamente útil y los siguieron empleando para otros planes de cambio. Les resultó todo un hallazgo.

La agenda, para mí, en cambio, fue estupenda porque allí escribía mis adelantos, pensamientos, equivocaciones y, sobre todo, porque me sirvió de guía para llevar a cabo el cambio de otro hábito perjudicial que tenía.

La idea es que prueben diferentes técnicas y se queden con la que les resulte más práctica y funcional.

Para los que aman la tecnología

*C*omo podrán comprobar a lo largo del libro, este método de los 21 días puede aplicarse para cambiar cualquier hábito: dejar de ser sedentarios, alimentarnos más sanamente, adoptar otras rutinas en nuestro cotidiano. En el mercado, desde hace un tiempo, se ofrecen unos brazaletes, semejante a relojes, que sirven para dar seguimiento de hábitos las 24 horas del día, los 7 días de la semana. Detecta niveles de actividad, y, de acuerdo con este resultado, crea metas diarias alcanzables. Mientras se van cumpliendo los objetivos, genera la meta del día siguiente, llevándonos paso a paso a un estilo de vida más natural y saludable. Emite vibraciones para recordarnos que hemos estado mucho tiempo inactivos y que es hora de ponernos en movimiento. Además, controla la calidad de nuestro sueño. Lo más interesante es que puede generar una vista completa de las gráficas de progresos.

Paso 7: Continuar a pesar de las caídas

*E*s fundamental que cada vez que incurran en algún tipo de protesta, crítica o lamento inicien el plan de cero, esto es... supongamos que ya hace cinco días que no se quejan y de pronto se notan resoplando porque la fila para pagar los impuestos es muy larga y deben esperar demasiado tiempo, pues, esa manifestación de disgusto es suficiente para poner otra vez el cronómetro en cero.

Cualquiera sea la forma de expresión de una molestia o desagrado cuenta como queja por lo que rompe el circuito de los 21 días que requiere la creación de un nuevo hábito.

Si bien será necesario anotar cada recaída, registren también en qué contexto surgió, qué la activó y cómo se dieron cuenta de ello. También será imprescindible que registren sus éxitos porque ello les dará fuerza para continuar con el plan.

Por favor, es importante que no se desanimen si tienen que empezar muchas veces, si les cuesta o si se equivocan, todo aprendizaje implica prueba y error, continuamente.

¡AVANTI!
Si te postran diez veces, te levantas
otras diez, otras cien, otras quinientas;
no han de ser tus caídas tan violentas
ni tampoco, por ley, han de ser tantas.
(…)
¡PIU AVANTI!
No te des por vencido, ni aún vencido,
no te sientas esclavo, ni aún esclavo;
trémulo de pavor, piénsate bravo,
y acomete feroz, ya mal herido.
Ten el tesón del clavo enmohecido
que ya viejo y ruin, vuelve a ser clavo;
no la cobarde estupidez del pavo
que amaina su plumaje al primer ruido.
Procede como Dios que nunca llora;
o como Lucifer, que nunca reza;
o como el robledal, cuya grandeza
necesita del agua, y no la implora...
(…)

ALMAFUERTE

Paso 8: Gratificarse

« El Amor es la fuerza más humilde, pero la más poderosa de que dispone el ser humano. »

MAHATMA GANDHI

¡Qué bueno es ser dulce y generoso con uno mismo! No hay nada tan lindo como gratificarse luego de una tarea cumplida. Carl Gustav Jung afirmaba que a la psique no le gustan las órdenes sino los tratos. De modo que hacer pactos con nosotros mismos y darnos obsequios es algo por demás bueno y divertido.

«Si termino este informe a tiempo me iré a tomar ese café que tanto me gusta», «si logro leer este capítulo completo me voy al cine», «si hoy me resisto a quejarme me compraré ese libro que hace tiempo deseo comprar.»

Este gesto es a la vez un incentivo y una forma de festejar el haber cumplido con esa pequeña meta diaria.

Premiarse, aunque sea con pequeñas cosas, considero que es fundamental para ayudarnos con todas esas tareas o fines que debemos consumar; nos inyectan vitalidad y no brindan satisfacción.

También hay que tener en cuenta que, si lo que planificamos no nos sale bien, no debemos desanimarnos y maltratarnos, por el contrario, es fundamental que doblemos la apuesta y que digamos «hoy no lo logré, pero mañana sí podré, porque soy capaz y luego festejaré este logro».

Lo importante SIEMPRE es tener paciencia, perdonarnos si no pudimos llegar al objetivo y volverlo a intentar tantas veces como sea necesario… luego, un brindis por la victoria.

La mejor forma de estar bien con uno mismo es animarse a hacer lo que deseamos o necesitamos, sorteando los obstáculos que sean precisos para llegar hasta el final, pero siempre con amor y muchísima ternura hacia nosotros sin importar si trastabillamos por momentos.

> *"Las cosas grandes del mundo solo pueden realizarse prestando atención a sus comienzos pequeños..."*
>
> LAO TSÉ

Paso 9: Ya somos expertos

> *"Afronta tu camino con coraje, no tengas miedo de las críticas de los demás. Y, sobre todo, no te dejes paralizar por tus propias críticas."*
>
> PAULO COELHO

Esta fase, que es la última, es lo que Christine Lewicki denomina la fase del maestro y Noel Burch llamó Competencia inconsciente. En este estadio, ya no estamos pendientes del plan o de la técnica, hemos desarrollado una nueva habilidad y se ha convertido en nuestra segunda naturaleza, por lo cual ya nos fluye naturalmente. De este modo, el expresarnos correctamente, establecer una comunicación empática y no quejarnos no representa más un reto, sino que surge de manera espontánea.

Cuando, de manera ininterrumpida, se cumplieron los 21 días del plan, significa que se produjo un cambio en nuestra mente, que eliminamos un hábito y lo reemplazamos por otro, en este caso, más sano y operativo.

Este es un momento que debemos valorar mucho porque no es fácil terminar con costumbres de años y sobre todo en medio de tanta persona dispuesta siempre a quejarse por todo.

Así como les sugerí llevar una libreta o cuaderno de registro, les recomendaría también que adquieran algo que puedan tener en su casa, a manera de trofeo, que les recuerde continuamente esta victoria.

No desmerezcan este avance porque cambiar un hábito es tan dificultoso como competir en un deporte o un juego de ajedrez.

Cada movimiento requiere esfuerzo, comprensión, dedicación, obstinación, y sobre todo amor propio. Este obstáculo vencido es una demostración excelente de amor a uno mismo, porque han luchado denodadamente para evolucionar y ser mejores personas.

"Nadie tiene dominio sobre el amor, pero el amor domina todas las cosas."

JEAN DE LA FONTAINE

5. Resultados, seguimientos y otros usos del plan

> *"El fracaso consiste en no persistir, en desanimarse después de un error, en no levantarse después de caer."*

THOMAS EDISON

Aspectos positivos del cambio

En reiteradas ocasiones les comenté que el protestar o criticar implica manejarse con energía baja o negativa, en cambio, la empatía y la aceptación producen acciones y reacciones positivas.

Cuando estemos definitivamente lejos de ser unas personas quejosas veremos que la vida cotidiana se torna más sencilla, amable y feliz.

Si dudan de los resultados obtenidos, repasen su cuaderno y vean todos los avances que hicieron. No los subestimen, porque cada uno de ellos implicó fuerza de voluntad y empeño.

Apreciar los logros es un aspecto fundamental de nuestra existencia dado que fortalece nuestro carácter y nos llena de esperanza.

Cuando, por ejemplo, yo llegué a cumplir los 21 días hice una fiesta en casa como si se tratara de mi cumpleaños. Invité a amigos, padres, primos, tíos, compañeros de trabajo. Es que cambiar un hábito es como diplomarse, porque debemos incorporar nuevos conocimientos, esforzarnos, vencer obstáculos, y por supuesto, que tras una victoria lo mejor es el festejo, la gratificación.

Mi familia me felicitó porque les parecía grandioso mi cambio. Recuerden que fueron ellos precisamente quienes me hicieron notar lo quejica que era. De pronto vieron una persona que en vez de ver el vaso medio vacío, lo veía medio lleno, tenía una actitud más firme, estaba más segura de mí misma.

Un triunfo como este fortalece la confianza en uno mismo, aumenta la autoestima y además nos aporta mucha vitalidad para hacer frente a otros desafíos.

¿Puedo ayudar a otros con su problema?

Creo firmemente que la práctica hace al maestro y si logramos maestría en un campo es probable que podamos ayudar a otros.

Hay que preguntarse antes si esas personas desean ser ayudadas. Es esencial estar seguros de que la persona a quien deseamos entrenar esté dispuesta al cambio.

Si queda confirmado que desea nuestra colaboración, será importante que con humildad, mucha humildad, le expliquemos todo el proceso completo, con todo su abanico de posibilidades, pequeños éxitos, pequeños fracasos, traspiés, esfuerzos y perseverancia, desde nuestra propia vivencia para que no crea que es una película de ciencia ficción lo que le contamos.

El ejemplo es un excelente modo de educar a la gente y explicando nuestro caso puntual podremos instruir al otro y prepararlo para el nuevo camino que está por emprender.

Tengo plena seguridad de que cuando alguien desea realizar una acción desde el amor y sin soberbia se pueden hacer grandes transformaciones y proyectos. En toda acción hay una intención implícita y si es buena los resultados serán seguramente excelentes.

Así que si creemos que podemos ayudar a alguien, intentémoslo, valdrá la pena iluminar a otra persona con nuestra experiencia.

Aplicar este método en otros aspectos de la vida

> " Al fin y al cabo, somos lo que hacemos para cambiar lo que somos. "
>
> EDUARDO GALEANO

Sabemos que los hábitos, cualesquiera sean, son comportamientos repetidos regularmente y aprendidos, más que innatos. Muchos de ellos terminan convirtiéndose en vicios o prejuicios.

Cuando esto sucede muchos se plantean un cambio, pero pocos triunfan, ya que para tal empresa se requiere determinación, esfuerzo, voluntad y un plan bien trazado.

Habrán visto justamente que este método que les desarrollé de los 21 días, posee todos esos elementos, por lo cual, es una magnífica herramienta para aplicar a diferentes tipos de costumbres y prácticas.

Cada hábito tiene una raíz específica que le confiere ciertas particularidades, pero el modo de combatirlos es casi siempre el mismo: tesón, objetivos claros, un buen proyecto y muchas ganas de cambiar.

Tampoco quiero pecar de simplista y decirles que ustedes tienen capacidad para modificar TODO lo que deseen, porque hay cuestiones que pueden estar fuera de nuestro control. Quizá algunos de ustedes se hallen en un momento particular de sus vidas en donde tratar de implementar una técnica del tipo que propongo sea poco factible, otros, tal vez, posean ciertos traumas que planteen un obstáculo para el tratamiento sugerido. Pero, en líneas generales, si no existe una complicación importante es posible que en nosotros esté el poder de la transformación.

Creo firmemente en el poder de renovación, en la alegría que nos reporta el convertirnos en mejores personas, en la capacidad de adaptación y transformación, en la paz y sosiego que se obtienen luego de una lucha, en la sensación de felicidad después de una victoria. Tan solo intentarlo hace que cada día valga la pena vivirlo a fondo.

> *« Quien pretenda una felicidad y sabiduría constantes, deberá acomodarse a frecuentes cambios. »*
>
> CONFUCIO

Sólo por hoy…

Solo por hoy trataré de vivir exclusivamente el día, sin querer resolver el problema de mi vida todo de una vez.

Solo por hoy tendré el máximo cuidado de mi aspecto: cortés en mis maneras, no criticaré a nadie y no pretenderé mejorar o disciplinar a nadie, sino a mí mismo.

Solo por hoy seré feliz en la certeza de que he sido creado para la felicidad, no solo en el otro mundo, sino en este también.

Solo por hoy me adaptaré a las circunstancias, sin pretender que las circunstancias se adapten todas a mis deseos.

Solo por hoy dedicaré diez minutos de mi tiempo a una buena lectura; recordando que, como el alimento es necesario para la vida del cuerpo, así la buena lectura es necesaria para la vida del alma.

Solo por hoy haré una buena acción y no lo diré a nadie.

Solo por hoy haré por lo menos una cosa que no deseo hacer; y si me sintiera ofendido en mis sentimientos procuraré que nadie se entere.

Solo por hoy me haré un programa detallado. Quizá no lo cumpliré cabalmente, pero lo redactaré. Y me guardaré de dos calamidades: la prisa y la indecisión.

Solo por hoy creeré firmemente, aunque las circunstancias demuestren lo contrario, que la buena providencia de Dios se ocupa de mí como si nadie existiera en el mundo.

Solo por hoy no tendré temores. De manera particular no tendré miedo de gozar de lo que es bello y de creer en la bondad.

JUAN XXIII

Bibliografía

"En muchas ocasiones la lectura
de un libro ha hecho la fortuna de un hombre,
decidiendo el curso de su vida. **"**

RALPH WALDO EMERSON

Bibliografía citada

Bérgamo, Mario (ed.), *La felicidad de Francisco. Palabras de amor, paz e inspiración para alcanzar la dicha*, España, Ediciones Robinbook, 2013.

Calle, Ramiro (recop.), *Antología de cuentos de la India y Tíbet*, España, Edaf, 1997.

Calle, Ramiro (recop.), *101 cuentos clásicos de la India*, España, Edaf, 2010.

De Andrés, Verónica y Andrés, Florencia, *Confianza total para vivir mejor*, Buenos Aires, Planeta, 2012.

Dyer, Wayne W., *Nuevos pensamientos para una vida mejor. La sabiduría del Tao*, Buenos Aires, Debolsillo, 2011.

Dyer, Wayne W., *Tus zonas erróneas. Técnicas audaces, pero sencillas para dominar los esquemas erróneos de tu conducta*, España, Grijalbo, 1981.

Hay, Louise L., *Gratitud. Dar gracias por lo que tienes transformará tu vida*, Buenos Aires, Urano, 2012.

Hermógenes, *Yoga para nerviosos*, Buenos Aires, Editorial Kier, 1986.

López Fernández, Tiberio, *366 maravillosas motivaciones. Dosis diaria de superación para crecer interiormente*, Colombria, San Pablo, 2007.

Peiffer, Vera, *Pensamiento positivo. Un método práctico para disfrutar de la vida*, España, Swing, 2007.

Peiffer, Vera, *Pensamiento positivo II. Programa activo*, España, Robinbook, 2007.

Rosenberg, Marsall, *Comunicación no violenta: cómo utilizar el poder del lenguaje*, España, Urano, 2000.

Santandreu, Rafael, *El arte de no amargarse la vida*, Buenos Aires, Oniro, 2012.

Tolle, Eckhart, *El poder del ahora. Un camino hacia la realización espiritual*, Buenos Aires, Grijalbo, 2013.

Barnaby, Brenda, 333 maneras de ser feliz, España, 2013, Robinbook.

Yesudian, Selvarajan y Haich, Elizabeth, *Yoga y salud*, Buenos Aires, Editorial Central, 1960.

Yinming, Hong, *Cultivando las raíces de la sabiduría*, España, Edaf, 2002.

Bibliografía recomendada

Byrne, Rhonda, *La magia*, Buenos Aires, Urano, 2012.

Dalai Lama, *El arte de la felicidad*, Buenos Aires, Sudamericana, 2013.

Goodfrey, Gerald (selec.), *Frases de cabecera*, Buenos Aires, Leviatán, 1989.

Stamateas, Bernardo, *Autoboicot. Cuando el tóxico es uno mismo*, Buenos Aires, Planeta, 2012.

Páginas web recomendadas

http://el-metodo-sedona.com/
http://www.confianza-total.com/
http://www.christinelewicki.com/
http://www.rafaelsantandreu.es/
http://www.stamateas.com/site/
http://www.eckharttolle.com/
http://www.drwaynedyer.com/

Si tu mal tiene remedio ¿por qué te quejas? Si no lo tiene ¿por qué te quejas?

PROVERBIO ORIENTAL

CÓMO EVITAR AMARGARSE LA VIDA
Brenda Barnaby

El amor, la felicidad, la esperanza… son nociones que dan sentido a la vida pero que sólo pueden alcanzarse cuando se han superado los miedos y el sol resplandece por encima de neblinas y temores. Brenda Barnaby, la exitosa autora de los best seller *Más allá de El Secreto* y *333 maneras de ser feliz* nos brinda un nuevo y maravilloso libro que habla sobre todo aquello que podemos hacer para no amargarnos la vida y trazar el rumbo correcto que nos lleva a la estación felicidad. En ese trayecto, el lector hallará paisajes tan interesantes como el manejo de las emociones o las exigencias y límites que nos imponemos.

PEQUEÑOS SECRETOS DE FELICIDAD

Brenda Barnaby

Brenda Barnaby, experta en temas de auto-ayuda y autora del libro *Más allá de El Secreto*, propone un viaje iniciático en busca de la felicidad. Para ello, recupera testimonios e historias de gente que ha llegado a obtener la felicidad, ordenándolo de forma que pauten una serie de pasos para inspirarnos para recorrer ese camino para llegar a ella. Incluye también un resumen de sus pensamientos y comentarios sobre cada relato.

333 MANERAS DE SER FELIZ
Brenda Barnaby

Acepta el desafío de tu propia existencia, recupera la ilusión y toma el control de tu vida con estas ideas y consejos para alcanzar la felicidad. Decía Benjamin Franklin que la felicidad humana generalmente no se logra con grandes golpes de suerte, que pueden ocurrir pocas veces, sino con pequeñas cosas que ocurren todos los días. Este libro ofrece un sinfín de ideas y temas para reflexionar, para ver la vida desde otro ángulo y producir una transformación positiva en el alma de quien lo lea. Un regalo que ofrece maneras alternativas de pensar y de comportarse con el objetivo de alcanzar una vida plena, llena de esperanza y alegría.

UN AÑO PARA SER FELIZ
Moonhawk

Una agenda perpetua para toda la vida. Todos los días del año tienen un pequeño regalo espiritual que iluminará tu vida. Disfrútalo. Para rodearnos de armonía y conocer y valorar nuestros sentimientos, este libro nos propone una serie de pensamientos, frases, citas de autores célebres y ejercicios para la mente que nos ayudarán a vivir con mayor plenitud y alcanzar mayores cotas de felicidad. Mejora tu calidad de vida, mejora tu mente, tu espíritu y relaja tu cuerpo.

EL LIBRO DE LAS BUENAS ENERGÍAS POSITIVAS
Alissa Sandler

Este libro le resultará de inestimable ayuda para fomentar su bienestar físico, mental y espiritual, ya que contiene algunas de las técnicas más eficaces para potenciar de un modo positivo las energías que nos rodean o forman parte de nuestro organismo. Además de mostrarnos cómo nuestro cuerpo puede conectar de una manera rápida con estas fuentes energéticas, el libro también muestra la manera de descubrir nuestro interior para experimentar nuevos impulsos vitales. También aporta soluciones en el ámbito de la protección psíquica: invocaciones, gemas y otros objetos que pueden significar eficaces y fértiles métodos de protección ante cualquier resquicio de negatividad que se cruce en nuestro camino.

AUNQUE TENGA MIEDO HÁGALO IGUAL
Susan Jeffers

Cuando corremos un riesgo, cuando nos adentramos en territorios poco familiares o nos enfrentamos al mundo de una forma nueva, experimentamos miedo. Y, muy a menudo, ese miedo evita que progresemos en nuestra vida. Para que esto no suceda, lo mejor que podemos hacer es explorar los obstáculos que nos impiden vivir a nuestra manera, evitar elegir el camino más cómodo y aprender a identificar las «excusas» que nos hacen resistirnos a cualquier cambio. Un libro ameno y práctico que le permitirá dominar sentimientos tan frustrantes como los que genera el miedo.